制裁

SANCTIONS
A WRECKING BALL IN A GLOBAL ECONOMY

美西方的经济霸权主义

〔美〕萨拉·弗朗德斯（Sara Flounders） 编

江振春 译

当代中国出版社
Contemporary China Publishing House

SANCTIONS: A WRECKING BALL IN A GLOBAL ECONOMY was originally published in English by World View Forum in 2022. This edition is published by Contemporary China Publishing House.Co.,Ltd. All rights reserved.
© 2025 版中文简体字版专有出版权由当代中国出版社所有。
未经版权所有者书面同意，不得以任何手段复制本书任何部分。

版权合同登记号　图字：01-2024-1089

图书在版编目（CIP）数据

制裁：美西方的经济霸权主义/（美）萨拉·弗朗德斯（Sara Flounders）编；江振春译. -- 北京：当代中国出版社, 2025.1. -- ISBN 978-7-5154-1450-8

Ⅰ . F115-53

中国国家版本馆 CIP 数据核字第 2024TU2244 号

出 版 人	蔡继辉
责任编辑	焦晓萍
责任校对	贾云华　康　莹
印刷监制	刘艳平
封面设计	宋　涛　鲁　娟
出版发行	当代中国出版社
地　　址	北京市地安门西大街旌勇里 8 号
网　　址	http://www.ddzg.net
邮政编码	100009
编 辑 部	（010）66572264
市 场 部	（010）66572281　66572157
印　　刷	北京润田金辉印刷有限公司
开　　本	710 毫米 ×1000 毫米　1/16
印　　张	12.25 印张　1 插页　178 千字
版　　次	2025 年 1 月第 1 版
印　　次	2025 年 1 月第 1 次印刷
定　　价	88.00 元

版权所有，翻版必究；如有印装质量问题，请拨打（010）66572159 联系出版部调换。

谨将这本关于制裁的文集献给
为受美帝国主义侵略的民众仗义执言的两位勇士：
拉姆齐·克拉克和米格尔·德斯科托·布罗克曼

  他们利用自己在本国和国际舞台上的政治、宗教和外交上的地位，揭露制裁是反人类罪这一事实。他们一次又一次地与受制裁的人们进行面对面交流，目睹制裁对他们的影响。

  他们向实施制裁的国家的民众披露了受制裁国家民众的悲惨状况。拉姆齐和米格尔明确表示，受影响最严重的是最脆弱的群体，制裁不是轰炸的温和替代措施，而是一种极具破坏性、极其残酷的反人类武器。

  他们率先反对20世纪末、21世纪初的毫无人道地使用制裁。我们将继续他们未竟的事业。

哪些国家受到过制裁？

美国的制裁影响了全世界三分之一的人口，其8000多项措施影响了约40个国家。实施经济制裁的国家都是世界上最富有、最强大、工业最发达的国家，制裁目的是扼杀发展中国家的经济，其中大多数曾经是西方国家的殖民地。对一国的制裁会影响整个地区的经济。

截至2022年9月，被制裁过的国家/地区有：阿富汗、海地、巴拉圭、白俄罗斯、伊朗、俄罗斯、波斯尼亚和黑塞哥维那、伊拉克、塞尔维亚、中非共和国、朝鲜、索马里、中国、老挝、南苏丹、刚果民主共和国、黎巴嫩、苏丹、古巴、利比里亚、叙利亚、塞浦路斯、利比亚、突尼斯、厄立特里亚、马里、土耳其、埃塞俄比亚、摩尔多瓦、乌干达、几内亚、黑山、委内瑞拉、几内亚比绍、缅甸、也门、尼加拉瓜、津巴布韦、巴勒斯坦。

在美国的要求下，英国、欧盟等国家和组织以及联合国安理会都采用这种形式的经济制裁。美国通过经济制裁遏制的国家数量远远超过任何其他国家。参见如下网址：

美国财政部外国资产控制办公室（OFAC）：https://home.treasury.gov/policyissues/officeofforeignassetscontrolsanctionsprogramsandinformation.

美国商务部：https://www.bis.doc.gov/index.php/regulations/exportadministrationregulationsear.

美国国务院：https://www.pmddtc.state.gov/?id=ddtc_public_portal_compliance_landing.

欧盟实施的制裁措施：https://sanctio.com/en.

英国实施的制裁措施：https://www.gov.uk/government/publications/theuksanctionslist.

联合国安理会：https://www.securitycouncilreport.org/images/homepage/security_council_sanctions_regimes.pdf.（截至2022年10月）

译者序　制裁的双重面相

　　中文"制裁"在现代政治学的意义中，主要是指强力管束并处罚，针对某一国所采取的强制行动，它有两种形式：一是个别国家或国家集体实施的强制性措施；二是国际组织（如联合国）组织实施的强制性措施。这些措施的基本特点是"非武装性的"。现代国际社会普遍反对采取诉诸战争等方式去制裁一个国家。

　　制裁的英文单词为"sanction"，然而，"sanction"除了"制裁"之外，它还有"批准、同意、支持、认可"的意思。从词源学来说，"sanction"一词来自拉丁词根"sancire"，而"sancire"表示"to prescribe by law"（"依法规定"之意）。16世纪，"sanction"首次出现在英语中，表示"宣布针对某种行为的法律"，而这种行为可能是合法的，也可能是违法的。而到了17世纪，"sanction"开始被用来表示"因违法受到的制裁"的意思；18世纪早期，"sanction"又有了"法律对做某事的许可"的含义，后来就逐渐演变为今天的"支持、鼓励"。同一个词却表达了两个完全相反的意思，令人困惑。事实上，英语里像这样含有相反意义的词还有很多，它们被称为"杰纳斯词"（Janus words）。在罗马神话中，双面神杰纳斯是为天宫看守大门的，他有两副面孔，一副盯着过去，一副迎向未来，所以他也是象征人世间万物始末的神。英语中"一月"这个单词叫"January"，正是来自双面神"Janus"。"sanction"的词源与发展说明了"sanction"一词的双重面相。

公元前432年，雅典禁止来自梅加拉的商人进入其市场，从而扼杀了这个竞争对手的经济，这是欧洲历史关于把制裁用于对别国进行强制行动的第一次记录。进入20世纪后，制裁成为一种强制手段越发显得重要，经济制裁的使用越来越频繁。国际联盟，以及后来的联合国，在实施以国家为基础的制裁方面发挥了关键作用。国际联盟以及联合国经常启动某项经济措施适用于某个国家，要求其遵守一个特定的外交政策目标。美国等西方发达国家利用自己的优势地位，也经常使用制裁手段，迫使另一个国家屈服。以国家为基础的制裁是一个国家或国际组织或联盟对另一个国家实施的一种限制性措施，其目的是限制目标国家的贸易和商业关系。

在国际联盟成立的头十年里，美国总统威尔逊所描述的强制工具在英语中经常被称为"经济武器"。美国及西方政客给制裁披上了文明的、华美的外衣。在他们看来，制裁通常被认为是战争的"替代品"，或者说，制裁是"仁慈的战争"。然而，制裁正如它的英文单词所表现出的双重面相一样，它绝非"仁慈的"，也非战争"替代品"，它具有很大的杀伤力。1919年，美国总统威尔逊认为："有思想的人真诚地认为战争是野蛮的……（那么）制裁是一种更可怕的战争工具。""制裁比战争更可怕，绝对的孤立……会使一个国家清醒过来，让它窒息，丧失战斗的意志……运用这种经济的、和平的、无声的、致命的疗法，就不需要使用武力。这是一种可怕的手段。它不会夺去被抵制国家人民的生命，但它给该国带来了压力，我认为任何现代国家都无法抵抗。"

当今世界，美国最迷恋制裁这个特殊武器。美国制裁"工具箱"有很多"工具"：政治制裁、外交制裁、经济制裁、文化制裁、军事制裁、科技制裁和围绕网络安全领域的针对性制裁，等等。本书主要谈的是经济制裁。经济制裁波及的国家最多，影响也最大。经济制裁是美国最常用的工具，美国财政部和商务部等部门是经济制裁的具体执行者，美国每年经济制裁别国的法律、法规有成千上万部。

以美国为首的西方发达国家经常采取经济制裁的方式对他国进行打压与遏制，制造动乱，给这个世界造成了动荡。推翻智利的阿连德政府是美国政府通过经济制裁推翻别国政府的"杰作"。1970年10月24日，当美国总统尼克松听说阿连德当选总统后，他对中情局长赫姆斯（Richard Helms）下达了一个后来变成名言的命令："让经济尖叫（Make the Economy Scream）。"由于当时的智利经济对美国存在非对称性依赖，1970年美国外资占智利外资的65%，智利进口商品40%来源于美国，美国市场占据智利全部对外出口的30%—40%。随后美国通过一系列经济制裁，让智利陷入一片混乱，最终导致军事政变，阿连德政府被推翻。

虽然古巴革命已经胜利了65年，但在美国的霸权主义、强权政治之下，古巴人民被封锁了60多年，受美国经济制裁等因素影响，古巴人民痛苦不堪。例如，美国长期以来的封锁使古巴医疗系统陷入了困境，不管是治病救人的医生，还是等待救治的患者，都深深感受到了封锁的巨大不利影响。

自从1979年的伊斯兰革命以来，伊朗已经被美国制裁了40多年。截至2023年2月，伊朗一共遭到了来自美西方的4191项制裁。由于美国经济制裁，伊朗甚至都无法购买民航客机及其零部件。

美国等西方发达国家对某国实施全面的经济制裁可能会对目标国家的经济和人道主义福祉产生巨大的不利影响。即使是联合国实施的制裁，它也引起了有志之士的反思。联合国前秘书长科菲·安南（Kofi Atta Annan）在其1997年提交给联合国的报告中承认，国家制裁往往对脆弱的平民群体造成最大的伤害，并可能对第三国造成巨大的附带损害。联合国实施制裁尚且有人道主义危机的担忧，美国等西方发达国家对他国采取的单边经济制裁同样会造成更严重的人道主义危机。诚如本书编者所言："美国的制裁影响了全世界三分之一的人口，其8000多项措施影响了约40个国家。实施经济制裁的国家都是世界上最富有、最强大、工业最发达的国家，制裁目的是扼杀发展中国家的经济，其中大多数曾经是西方国家的殖民地。对一国的制裁会影响整个地区的经济。"制裁改变了战争与和平之间的界限。制裁可以形塑甚至改变世界经济结构，也改变了国际法的进程。经济制裁诞生的主要意义在于模糊战争与和平的意义。一项过去只有在战争时期才有可能实施的强制性政策——封锁某一个国家或地区，与世界其他地区割裂开来，无法与更广泛的世界进行交流——这种方式现在被广泛使用，以美国为首的发达国家乐此不疲。

自1949年新中国成立至今，美国对中国进行了很多次制裁。规模极大、影响深远、持续时间长的一共有三次：

第一次大规模制裁是1949年新中国成立，美国率先进行外交制裁，撤走驻华领事，1950年中国人民志愿军入朝参战之后，美国对华实施全面制裁，包括军事、经济和外交方面的限制，尤其在经济制裁方面，美国限制对华贸易、冻结中国的外汇储备和资产，等等。这些制裁措施持续了几十年，导致中国在经济和科技领域受到严重的阻碍。第一次对华全面制裁的目的就是要削弱中国战争实力、逼迫新中国接受旧中国的不平等条约、逼迫新中国退出朝鲜战争。然而这些制裁目的最终并没有得逞。

第二次大规模制裁是1989年春夏之交，美国对华进行全面制裁。在冷战结束后，中美关系曾出现了一段相对缓和的时期，但在1989年之后，以美国为首的20多个西方国家集体制裁中国，这是中国外交历史上极为困难的时期之一。美国等西方国家以捍卫民主和人权为幌子，挥舞制裁大棒，对中国经济、外交和科技等实施封锁和打压。这次全面制裁的时间比较短，至1993年基本结束。

第三次大规模制裁是2018年至今，美国不断增加对华制裁的力度和规模。自2018年以来，美国对中国的制裁政策进一步升级，并涵盖了更广泛的领域。美国采取了一系列措施，脱钩断链，限制中国贸易、扰乱国际经济秩序，实行"小院高墙"政策，进行技术封锁（例如芯片），制裁中国企业和个人等。这些制裁的焦点包括贸易摩擦、知识产权保护、人权保护、网络安全等问题。

中国是遭受美国经济制裁比较严重的国家之一。美国自信地认为，运用经济制裁可以"兵不血刃"地达到战争所能实现的目标。对于美国来说，经济制裁的功效等同于战争，美国学者尼古拉斯·穆德（Nicholas Mulder）在他的《经济武器：制裁作为一种现代战争工具的兴起》（*The Economic Weapon: The Rise of Sanctions as a Tool of Modern War*）中认为，"经济制裁的出现标志着一种独特的自由主义应对世界冲突的兴起，这种方式在今天非常活跃"。相较于战争，制裁的吸引力不仅是因为它的潜在力量巨大，还因为它们很容易被操作。"它们的强制力不是通过轰炸机驾驶舱里的人或大炮后面的人行使，而是通过红木办公桌后面的人行使。"对美国来说，中国与美国的关系是竞争与合作的关系，制裁足以威慑中国。很多年前，威尔逊总统声称制裁真正的力量是心理上的；制裁起了作用，因为"灵魂受到的伤害比身体更深刻"。正如本书编者所言："美国政府的战略制定人士正将制裁用作摧毁全球经济的破坏性工具，企图孤注一掷地维护美国全球霸权和单极世界。蓄意摧毁民众生活必需品供应链的政策，无异于对手无寸铁的平民发起的一场残酷战争。制裁扰乱了全球贸易，其冲击波远远超出了制裁直接针对的国家。"未来，中国将继续坚定地走自主发展之路，以应对外部挑战，实现经济的可持续增长和国家的繁荣。

《制裁：美西方的经济霸权主义》（以下简称《制裁》）这本书展示了一个真实的"制裁"。《制裁》一书明确表示，受到影响最严重的是最脆弱的群体，制裁不是轰炸的温和替代措施，而是一种极具破坏性、极其残酷的"战争"武器。联合国非政府组织核时代和平基金会代表艾丽斯·斯莱特（Alice Slater）甚至认为，《制裁》一书"打破了制裁是某种仁慈战争的谎言……（给出）数十个国家的有据可查的例子。美国对残酷制裁的灾难性后果毫不在意，让这些国家吃尽苦头"。

本书是一部"社会正义活动家文集"，来自美国等国家和地区的20多位社会活动家从不同角度就制裁进行了深刻的分析。翻译此书的主要目的，就是让读者更全面而客观地了解制裁的双重面相：一方面，具有"温情一面"的制裁实质上就是一种没有硝烟的战争，制裁的效果等同于战争；另一方面，即使是为了正义而实施的制裁，也要慎重使用，精准使用，否则也会造成人道主义灾难。用联合国人权事务高级专员的话来说："如果制裁和执行手段本身侵犯了人权，人权就不能得到充分的保护——实际上它们受到了严重的破坏。"因此，随着越来越多的政府寻求增加和使其实施的经济制裁类型多样化，需要作出更加警惕的努力。

最后，衷心感谢萨拉·弗朗德斯（Sara Flounders）女士授权译者翻译此书，她是美国著名社会活动家、政治作家，联合国反战联盟的创始人和组织者，工人世界党（Workers World Party）书记处成员，国际行动中心（International Action Center，IAC）和"制裁即杀戮"（Sanctions Kill）运动的主要领导人。旅美左翼活动家、中美民间交流协会（China-U.S. Solidarity Network）的创办人李小轩先生为译著精彩作序。

江振春
于南京审计大学莫愁校区耕园
2024 年 1 月 19 日

中文版序言

我跟本书的主编萨拉·弗朗德斯以及她位于美国纽约市的左翼社会团体——国际行动中心的革命合作已经近30年了。

多年以来，他们举办的活动，如示威、会议、网络讲座等，经常邀请我参加和演讲。而我们举办的活动，也经常邀请她出席和讲话。

我们第一次合作是在1999年末，当时美国左翼反战人士组织反对以美国为首的北约联军轰炸南斯拉夫联盟的示威。

20世纪90年代初，美苏冷战结束，欧美西方各国精英统治者们在自以为是西方"一极"世界，可以为所欲为、独霸天下的春秋大梦下，不顾世界广大人民渴望和平发展的愿望，一方面推行"新自由主义"，残酷地剥削广大发展中国家，造成大量国家经济崩溃，如苏联解体后的俄罗斯、墨西哥和1998年亚洲金融危机中的亚洲各国等；另一方面不断在世界各地挑起新的战争，如前南斯拉夫、哥伦比亚、莫桑比克、安哥拉、伊拉克、莫桑比克和刚果（金）等。

当时以美国总统克林顿为首的西方自由派精英，主导了欧美社会的世界观和价值观。特别在1991年美国领导的联盟军队战胜伊拉克，取得第一次海湾战争的胜利后，西方社会主流思维已经脱离了自20世纪70年代以来，欧美老百姓广为接受的"越南综合征"（Vietnam Syndrome）反战情绪和厌战心理。

西方主流认知认为以美国为首的西方所谓民主、进步的盎格鲁－撒克逊新教徒统治阶级，有"义务"发动任何"正义"战争，去"解放"他们宣称的所谓"落伍、残暴"的穆斯林/有色人种/广大亚非拉国家；西方完全有"道义"去发动所谓更"人道"和"精准"地针对他国的各类制裁。

这种滥用政治正确标签的伪思潮在克林顿领导的民主党的推广下，深深毒害了广大欧美老百姓的认知，分裂了一些国家的左派—自由派反战/社会正义联盟，也造成了大量欧美左翼社团和政党内部的思想混乱和组织分裂。

这个影响持续至今，它使西方国家的很多人"反华""厌华"，完全错误地认为对华制裁是"正义"之举。同样，20世纪90年代，西方国家对伊拉克发动海湾战争，实施了持续多年的经济制裁，造成几十万伊拉克人死亡，而以克林顿为首的民主党高呼这是"民主""正义"之举动。

在这种大环境下，美国左翼进步反战人士发出的反对西方国家对他国发动战争、反对支持他国分裂势力或经济制裁等正义呼声，都会被美国民主派和中间选民认为是在"倒行逆施的极左无原则闹事"。

当我们在美国西海岸的洛杉矶组织反对美国/西方发动的战争、制裁、"和平演变"等对他国干涉活动时，找志同道合的同志合作是很困难的。那时候，在美国东岸纽约市的国际行动中心（IAC）关于美国国内外的正义主张，基本跟我们的主张一样，并愿意跟我们合作交流。就像在沙漠里久旱逢甘霖一样，我们开始了持续20多年的合作。

我们在美国的一东一西，距离很远，当我们有共同的目标和项目时，就想办法到纽约，走在一起，共同进退。

我们在跟IAC合作时，萨拉给了我最大的支持和帮助，可以说没有她的帮忙，我们很多事情在美国无法顺利进行！

2016 年，特朗普当选美国总统后，中美关系面临新挑战，萨拉表示想通过我和中美民间交流协会，加强跟中国的合作，表达反对美国对华制裁的正义声援。除了中美智库交流、协办论坛、出版合作等项目外，2019 年国庆节期间，我第一次组织她来华访问，并讨论以后的合作计划。

本来我们计划在 2020 年举办一系列线上和线下中美交流论坛，反驳美国等西方国家抹黑中国新疆的言论。但 2020 年 1 月起影响全球的新冠疫情暴发，这完全改变了我们的计划和工作部署。

当时我们分别在洛杉矶和纽约的家里，因封控无法外出，我和萨拉决定改变我们原来的工作计划，她暂停了计划编写出版的《制裁》一书，转而配合我把议题改为对比中美两国抗击新冠疫情的真实情况，在短短两个月时间内编写出版了《呼吸机上的资本主义》（*Capitalism on a Ventilator*）一书，英文版在 2020 年 9 月出版，中文版在 2022 年 1 月由当代中国出版社出版。2022 年 12 月，萨拉帮助我在美国各地组织讲座活动。

随着国际形势的不断变化，自此以后，我们之间的合作更加频繁密切。平均每两个月他们会邀请我在其举办的线上论坛活动中就中国或其他国际议题发言。2022 年，萨拉邀请我在她推迟两年后编写的新书《制裁》中供稿；2022 年底，在该书英文版出版时，她在我导演的纪录片《疫苗与制裁》（*Vaccine and Sanctions*）中做主题发言。

2023 年 5 月，我邀请她再来中国访问，并到新疆实地考察，与当地居民交流。自 2023 年 10 月巴以冲突以来，我和萨拉始终关注着巴勒斯坦的局势，我们坚决支持巴勒斯坦民族解放，反对以色列入侵加沙和西岸地区，共同为世界正义而努力。

可以说，我跟包括萨拉在内的全世界各地进步正义人士的合作，不是一朝一夕发生的，而是在几十年的相互信任、相互支持和相互理解的基础上建立起来的。

我非常感谢萨拉·弗朗德斯、江振春老师，感谢国际行动中心和当代中国出版社，以及在中国和美国支持我们工作的所有志愿者和老师们，有你们的支持，才有本书中文版在中国的出版。

李小轩

于中国上海市黄浦区南昌路香山公寓

2024 年 1 月 12 日

目　录

中文版前言 i

第一部分　关于制裁的基本知识

制裁：全球经济的破坏性工具............[美]萨拉·弗朗德斯（Sara Flounders） 3

"制裁即杀戮"工具箱...............[美]玛格丽特·弗劳尔斯（Margaret Flowers） 13

美国制裁：战争的"替代方案"

　　...[美]里克·斯特林（Rick Sterling）、

　　[加拿大]约翰·菲尔波特（John Philpot）、[美]戴维·保罗（David Paul） 26

拉丁美洲的阶级战争和社会主义抵抗运动

　　..[美]阿贾穆·巴拉卡（Ajamu Baraka） 30

伊朗外长专访：美国经济制裁政策将事与愿违

　　......[美]本·诺顿（Ben Norton）、[美]马克斯·布鲁门特尔（Max Blumenthal） 35

泛非和国际各国的团结将打破制裁.................全非人民革命党（A-APRP） 39

美国实施的经济制裁：大抢劫.................[美]劳伦·史密斯（Lauren Smith） 43

国际主义的重新定义：经济制裁分析...[美]埃里卡·凯恩斯（Erica Caines） 58

I

经济制裁的危害 ....［美］迈克尔·加兰特（Michael Galant） 62

第二部分　被制裁的国家

朝鲜：挺过了美国和联合国的制裁和军事威胁

....［美］埃丽卡·荣格（Erica Jung） 71

制裁非洲之角 ....［美］安·加里森（Ann Garrison）、［加拿大］约翰·菲尔波特 84

中美竞争期间的对华制裁 ....［西班牙］卡洛斯·马丁内斯（Carlos Martinez） 96

美国制裁将使中国更加强大 ....［中国香港］李小轩（Lee Siu Hin） 107

古巴：世界谴责美国对古巴的封锁

....［美］莫妮卡·摩尔黑德（Monica Moorehead） 116

古巴：2022年联大投票 ....［美］伊克·那赫姆（Ike Nahem） 119

伊朗：获得的启示 ....［伊朗］哈米德·沙赫拉比（Hamid Shahrabi） 121

让阿富汗活下去！ ....［美］扎克·柯纳（Zach Kerner） 128

针对叙利亚的新一轮致命制裁 ....［美］朱迪·贝洛（Judy Bello） 132

团结一致，结束对津巴布韦的非法制裁

....［美］阿马迪·阿贾穆（Amadi Ajamu） 137

非洲饥荒：制裁的影响 ....［美］格雷格·邓克尔（Greg Dunkel） 140

委内瑞拉要求国际刑事法院调查美国制裁是否构成危害人类罪

....［美］瑞恩·斯旺（Ryan Swan） 143

对加沙的制裁 ....［英］皮帕·巴尔托洛蒂（Pippa Bartolotti） 152

第三部分　反对制裁的活动

Sanctions Kill 运动发起声明 157
呼吁拜登政府在新冠疫情期间停止经济制裁的公开信 159
美国加大力度实施致命制裁 161
结束所有战争！对制裁说不！ 163
支持叙利亚民众的公开信 .... 美国全国反战联盟（UNAC）166

资料来源　　　　　　　　　　　　　　　　　　　　　　　168

中文版前言

我们非常高兴《制裁：美西方的经济霸权主义》（*Sanctions: A Wrecking Ball in a Global Economy*）中译本的问世。2022年出版的本书英文版是基于1999年以来我们积极开展的一个项目。美国实施的大规模制裁让南半球大部分地区陷入发展困境。这种扼杀经济的手段是美国政府很喜欢使用的武器。它动辄使用这种威胁手段，迫使整个发展中世界屈从它的号令。

本书英文版的书名使用了一个比喻，即美国的经济制裁就像一个破坏球（wrecking ball），对全球经济产生了巨大的破坏性影响。现在，对美国越界行为的反应引发了一种崭新的、截然不同的全球化——一种基于合作，而非基于控制和干涉的全球化。受制裁国家以及忧心忡忡地遵守这些制裁政策的国家正在积极探索新的国家间贸易关系。

我们认识到，中国正在为南半球的发展中国家，即前殖民地世界，提供一条完全不同的发展道路。中国拥有庞大而充满活力的经济。中国提出的"一带一路"倡议（Belt and Road Initiative，BRI）在迅速变化的社会和政治关系中发挥了关键作用。依托其经济规模、活力及战略方针，中国成为世界范围内游戏规则的改变者。只有在其他国家别无选择、美国具有无可争议的主导地位的情况下，美国才能实施经济胁迫措施——制裁。然而，国际形势已今非昔比。

美国的制裁将继续冲击全球经济。美国傲慢的战略制定人士却没有预见到即将反噬他们的巨浪。全球经济正在以惊人的速度重组。令美帝国主义沮丧的是，被他们制裁的国家正在寻找新的合作和贸易途径。

在过去两年中，美国及以色列对加沙地区实施的封锁，以及美西方等国家对俄罗斯的制裁震动了全世界。

—— 加沙，这片人口最稠密、被他国领土包围的狭小地带遭到蓄意的经济制裁的时候，我们看到全世界正义与和平力量的团结提升到了一个新的水平。

—— 俄罗斯，这个拥有最大国土面积和丰富资源的国家，遭遇并经受住了史上最多的制裁。

中国及其他金砖国家——印度、南非、巴西——抵制美国的要求，没有对俄罗斯实施制裁。这种抵制振奋了几乎所有非洲、亚洲和拉丁美洲等国家的信心，它们意识到，即使不理会美国的要求，仍然可以获得贸易、发展资金和重要技术，而不会断绝来自俄罗斯的石油、天然气和粮食供应。

这就在美元和欧元之外开辟了另一条贸易之路。俄罗斯卢布、印度卢比和中国人民币已成为主要贸易货币。

在扼杀俄罗斯经济的制裁失败后，美国又近乎疯狂地实施了数百项其他制裁和关税措施，其目的是削弱中国。

中国在电动汽车制造方面取得了巨大成绩，已超越日本、德国和韩国，成为世界第一大汽车出口国。为了不让中国制造的电动汽车进入美国市场，拜登对其加征了 25% 的进口关税。而中国的回应是在墨西哥建立组装厂。当然，如果美国阻止这些墨西哥制造的汽车进入美国，这些汽车将大批销往各拉美国家。

从强制欧盟切断与俄罗斯的贸易往来就可以看出，华盛顿在不顾一切地督促其盟国执行制裁政策，甚至违背这些国家自身的经济利益。现在，美国要求欧盟对中国实施制裁，让这种绝望情绪体现得更加明显。

数以千计的大众、奥迪和保时捷汽车进入美国港口后被迫滞留在轮船上，只因为这些汽车使用了一个小小的中国制造的电子零件。这些德国汽车公司获知，他们必须向美国支付罚款，拆除违规部件，还要同意美国就所谓的"新疆问题"对中国提出指控。

在美国海关，一捆捆越南和马来西亚制造的服装都要经过同位素检测。只要发现有一丝棉花来自新疆，整批服装就会被销毁。这是因为美国当局指控新疆存在所谓的强迫劳动现象——尽管中国新疆的棉花产业已经基本实现了机械化。

一直以来，七国集团（G7）控制着全球化进程，一直不遗余力地推动全球化。发展中国家任何维护主权的尝试都会遭受制裁、政治动荡、经济崩溃的威胁。

中国作为一个繁荣的发展中国家本身就证明，人类还有另一种选择。众多发展中国家，也就是南半球国家，都在将期待的目光投向中国，而不是美帝国主义。让世界选择和平发展与贸易，而不是屈服于经济控制，就是对这种控制的威胁。

中国在电动汽车、造船、基础设施建设和高速列车开发等领域的全球供应链中占据主导地位，是制造业超级大国。

中国的人口是美国的四倍，每年毕业的科学、技术、工程和数学（STEM）毕业生是美国的六倍。中国的中产阶级消费市场比美国总人口还要大。中国克服美国的制裁和禁运是必然的事情，只是时间问题。

美国是世界上唯一的军事超级大国。它的军费开支比其后十个国家军费开支的总和还要多。数十亿人需要的是新的基础设施，而不是通过制裁、军事入侵、新式武器和数百个军事基地进行的经济扼杀。

为了理解这一全球性转变，我们必须在每一条战线上将自己与阶级敌人的阶级利益区分开来。

当前的经济全球化不是立足于所有人的共同发展或共同利益。它遵循的是只有最残暴的力量才能生存的法则。而当下出现的是另一种全球化。金砖国家的国内生产总值已经超过了七国集团。在昔日的殖民地世界，不仅崛起了强大的新兴经济体，还出现了新的交流与合作形式。

2013年，中国国家主席习近平提出了"一带一路"倡议。这是一个新方向，一个完全不同的发展方案。

我们正经历着一个动荡的转型时期。冷战思维下冷血地崇尚"赢者通吃"的新殖民主义世界体系正在淡出世界舞台。帝国主义核心与新殖民主义边缘之间的地理边界正在受到挑战。

当下，另一种世界体系正在形成。其核心是贸易、发展以及更加公正和民主的全球交流。这一新体系对帝国主义核心与新殖民主义边缘之间的地理分工构成了挑战。金砖国家扩大合作和"一带一路"倡议的目标是发展一种对所有人都有利的更具包容性的全球化形式。发展中国家需要现代化，也需要合作与平等参与。中国的双赢之道为和平发展提供了一个崭新的途径。这是在对话而非对抗的基础上建立伙伴关系的尝试。它旨在从事贸易而非承担军事同盟的债务负担。这是一种以人为本的新发展理念。

为什么中国能够开辟这种新型的发展道路？为什么美国做不到呢？

没有什么比这更能证明中国经济的社会主义本质了。国有企业的经营者可以进行长远思考、规划和投资，而不必受每季度利润指标的驱使。相反，资本主义企业必须扩张，必须盈利，否则就会被淘汰。资本主义是无情的。

在西方，我们必须在相互尊重、平等、公正与合作的基础上，在各民众组织之间建立一种新型的政治关系。

引导和动员人们团结起来，反对干涉，逐步形成一股重要的力量。民族国家和人民组织都可以发挥重要作用。

结束所有制裁！

一个崭新的世界正在诞生。

萨拉·弗朗德斯
（Sara Flounders）
2024年2月27日

第一部分

关于制裁的基本知识

制裁：全球经济的破坏性工具

［美］萨拉·弗朗德斯（Sara Flounders）

美国政府的战略制定人士正将制裁用作摧毁全球经济的破坏性工具，企图孤注一掷地维护美国全球霸权和单极世界。蓄意摧毁民众生活必需品供应链的政策，无异于对手无寸铁的平民发起的一场残酷战争。制裁扰乱了全球贸易，其冲击波远远超出了制裁直接针对的国家。财务规划顾问很清楚这一点。

2022年3月24日，美国总统乔·拜登（Joe Biden）在布鲁塞尔举行的北约新闻发布会上表示，"粮食短缺将成为现实"，这是见诸世界各地媒体的一个不祥警告。"承受制裁代价的不仅是俄罗斯，还有很多其他国家，包括欧洲国家和我们国家。"

这种蓄意的破坏行为第一次对制裁的实施国家产生了反作用。广泛的制裁正在给美国带来史无前例的通货膨胀（40年来最高水平）、供应链混乱以及工业、交通和家庭能源成本的急剧上升。

华盛顿要求各国采取违背其自身经济利益的行动，执行美国的制裁措施，而关于这些制裁措施的具体内容，这些国家既没有发言权，也没有得到事先通知。

为了应对美西方对俄罗斯的大规模制裁，许多国家在对外贸易中采取了新的货币兑换措施。这反过来又导致作为美国经济霸权基石的美元霸权受到侵蚀。

美国和欧盟的制裁还给整个非洲带来了饥荒。印度受到《以制裁反击美国敌人法》(Countering America's Adversaries Through Sanctions Act，CAATSA)的制裁威胁，而该法案已经开始制裁北约成员国土耳其，因为后者仍与俄罗斯有贸易往来。

巴基斯坦继续开展对外贸易后，华盛顿策划了一场针对伊姆兰·汗(Imran Khan)政府的政变。支持美国军事围堵中国计划的韩国和菲律宾右翼政客当选总统，让一场分裂世界的活动进入了新阶段。

然而，虽然强制追随美国制裁措施的压力越来越大，却未能重新确立美国的经济主导地位。相反，占全球四分之三人口的国家越来越不愿意执行美国最新出台的制裁措施。这种不合作使美国霸权遭遇严重挫折。

经济利益驱动战争

经济利益驱使民族国家走向战争。40年来，由于共同的利益，七国集团支持和推动了全球化，因为它们主导了这个进程。这些国家在国际货币基金组织(International Monetary Fund，IMF)和世界银行(World Bank，WB)中的主导地位以及在世界贸易组织(World Trade Organization，WTO)中的牢固地位让它们获得了这种控制权。

在这几十年里，特别是在苏联解体之后，包括服装和电子产品在内的产品批量生产从七国集团转移到了墨西哥、中国、印度、孟加拉国等国以及中美洲和东欧等地区。一件服装或一个电子设备不同组成部分的生产需要在全球范围内的不同国家内进行。[参见弗雷德·戈德斯坦(Fred Goldstein)的《低工资资本主义》(*Low-Wage Capitalism*)一书。]

美国的制裁威胁震慑了那些试图维护主权，甚至试图达成更有利贸易协议的国家。

然而，现在中国的经济总量正在逼近美国。中国正在推进"一带一路"建设，成为更具吸引力的贸易伙伴。欧盟与中国的贸易额已超过其与美国的贸易额。

欧亚国家经济交往日益密切，从中国和南亚，经过中亚和俄罗斯，一直延伸到欧洲大部分地区，可能为各参与国带来巨大的经济优势。

为了保住霸权，美国煽动冲突

欧盟与俄罗斯、中国的贸易投资日益密切，对美国企业在欧洲的主导地位和美国的全球霸权构成了挑战。

华盛顿挑起了一场由其他国家承担主要代价的战争，让交战国企业深受其害，这符合美国大企业的利益。在乌克兰，与美国企业形成竞争关系的欧盟企业是最大的受害者。

美国霸权的直接威胁是，欧盟与俄罗斯的贸易额每年高达 2600 亿美元，是它与美国贸易额的 10 倍。欧盟是俄罗斯最大的投资者。打破欧盟与俄罗斯，以及更高层面上欧盟与中国之间日益密切的经济合作，符合二战以来美国企业占据贸易主导地位的长期战略利益。

为了迫不及待地扭转美帝国主义日益下滑的经济地位，美国带领北约大规模介入乌克兰事务。

在报道当前乌克兰危机对经济的不利影响时，大部分报道都集中在欧洲国家，以及制裁政策对欧洲工业的影响，因为这些欧洲国家依赖俄罗斯的天然气、石油、煤炭和化肥。

德国和整个欧盟的工商界、寡头们因按照美国要求对俄罗斯天然气和石油实施制裁而损失惨重。他们与俄罗斯之间的贸易协议、企业投资计划和来自俄罗斯的能源供应逐步化为乌有。

美国第 14024 号行政命令（U.S. Executive Order 14024）最初于 2021 年 4

月 15 日宣布，并于 2022 年 3 月 8 日更新为第 14066 号行政命令。更新后的行政命令禁止继续向俄罗斯投资、禁止与俄罗斯进行商品和服务贸易和融资活动。这只是后来持续不断的最广泛、前所未有的经济制裁的开始。美国要求欧洲各国通过类似具有法律约束力的对俄制裁措施。

影响德国工业的通胀和供应链混乱的消息大量见诸媒体。英国新闻机构报道称，由于能源紧张，数百万英国家庭将不得不在做饭和取暖之间做出选择。每个欧洲国家都面临着几十年来最高的通货膨胀，包括之前一直很稳定的北欧经济体。

为什么要制裁俄罗斯？

俄罗斯经济实力远小于世界第一大经济体美国以及欧盟、日本、韩国和澳大利亚经济实力的总和。如今，俄罗斯经济规模还不及加拿大或韩国。

俄罗斯的国防预算是美国军费开支的十二分之一，与整个北约军事联盟的预算相比，比例更低。

虽然俄罗斯在军事上、经济上都构不成威胁，但它拥有目前不受美国控制的巨量自然资源。这使它成为美国的制裁目标。

美国总统乔·拜登信心满满地说，美国和欧盟的制裁将对俄罗斯经济产生"灾难性影响"。美国分析师的目标和预测是，俄罗斯银行和股市崩溃、恶性通货膨胀、物价飞涨、供应链中断、超市商品短缺、工人大规模失业。他们预测的最终结果是，普京总统的威信大大受损，俄罗斯将分崩离析。

西方媒体争先恐后、绘声绘色地描述了西方制裁对俄罗斯底层和中产阶级的严重影响。美国、加拿大和欧洲的媒体以及日本、韩国和澳大利亚的媒体一致认为，俄罗斯将彻底崩溃。西方政客、经济学家和银行家表示，俄罗斯政府面对困境将束手无策。俄罗斯存在西方银行的所有资产将被没收，所有未来贸易信贷将被切断。

然而，莫斯科的回应是，制裁措施只会让俄罗斯更加独立自主、自力更生，进一步强化国家主权。俄罗斯在谷物、肉类以及其他蛋白质和能源方面供应充足。它与中国、印度、巴西和伊朗互通有无，确保国内工业不会因为缺乏零部件而崩溃。

美国政界人士和媒体机构滔滔不绝地描述他们如何给数百万人带来巨大的痛苦，这让人回想起20世纪90年代，当时，美国国务卿马德琳·奥尔布赖特（Madeleine Albright）大言不惭地告诉全世界，为了实现美国的战略目标，50万伊拉克儿童因制裁而死亡"是值得的"。

出于短视和傲慢，美国将俄罗斯从国际资金清算系统（SWIFT）这一银行清算和贸易体系中剔除。一夜之间，发卡机构Visa和Mastercard对俄罗斯彻底关闭。然而，这并没有给俄罗斯造成预期的混乱。俄罗斯中央银行和其他银行、信贷机构将结算渠道切换到中国CIPS网络。该网络覆盖了167个国家的3000家银行机构。CIPS还能无缝处理信用卡交易。

俄罗斯实现了经济的平稳过渡，美国却没有立刻向欧洲提供必要的天然气和石油供应方案，也没有立即解决许多国家的谷物和化肥问题。美国没有长期的低价解决方案。尽管各种关于俄罗斯经济即将崩溃的预测满天飞，然而，甚至《经济学人》（*The Economist*）也在2022年5月7日宣布"俄罗斯经济已重新站稳脚跟"。

制裁失败

所有公开发表的文章中都忽视了一点，即世界上所有发展中经济体都没有就美国实施的这些措施达成一致。

面对制裁俄罗斯的要求，作为世界第二大经济体的中国拒绝对俄罗斯实施制裁，这让其他国家觉得即使不屈从美国的要求也没有什么大碍，不会影响它们将来拿到发展资金、必要的技术和经贸合同。

不仅中国拒绝了这种要求，而且印度、南非和巴西，即除了俄罗斯之外的金砖国家，还有几乎所有的非洲、拉丁美洲国家和大多数亚洲国家等，它们都拒绝与俄罗斯断绝贸易往来，因为这不符合它们的利益。

墨西哥总统洛佩斯（Andrés Manuel López Obrador）公开表示："我们不

会采取任何形式的经济报复，因为我们希望与世界各国政府保持良好关系。"

在巴西，卢拉（Luiz Inácio Lula da Silva），也就是 2022 年 10 月总统选举目前得票领先的候选人，提议创立一种泛拉丁美洲货币，以"摆脱美元束缚……我们创立一种拉丁美洲货币，因为我们不能继续依赖美元"。

中美洲、拉丁美洲和加勒比地区其他国家也发表了类似声明。包括主要经济体尼日利亚在内的几个非洲国家指出，制裁措施未经联合国安理会通过，不具有约束力。

如此多的国家和重要经济组织公开抗拒，极为有力地证实了美国经济实力的衰弱。

南半球许多国家的评论人士指出，对于美国在阿富汗、伊拉克、利比亚和叙利亚发动的战争，以及在也门向沙特阿拉伯提供封锁和战术支持的不法行为，媒体始终保持沉默，没有给予任何谴责，显得非常虚伪，这与俄罗斯因为应对边境军事袭击而饱受谴责和严厉惩罚形成鲜明的对比。

在欧洲内部，塞尔维亚、白俄罗斯，甚至欧盟和北约成员国匈牙利都拒绝参与制裁活动，这体现出制裁体系的内部裂痕。

由于美国的制裁，俄罗斯与其他欧洲国家之间的 SWIFT 结算被切断，欧洲无法向俄罗斯支付天然气和石油费用，给整个欧盟造成了危机。俄罗斯的回应是，欧洲可以继续以相同的价格签订天然气和石油购买合同，但必须用俄罗斯货币卢布结算。

听到这个消息，美国和欧盟表现得非常愤怒。然而，10 个欧洲国家已经悄悄地答应了俄罗斯的要求——这是它们维持其工业能源供应的唯一选择。

接受俄罗斯卢布付款，允许不执行制裁措施的国家用人民币、印度和巴基斯坦卢比等货币结算，意味着美元和欧元都不再是重要国际贸易活动的结算货币。结果是俄罗斯卢布自 2022 年 5 月中旬开始反弹，而美元，尤其是欧元，则不断下跌。

俄罗斯实施的资本管制一直持续到 5 月 16 日，使卢布成为 2022 年全球表现最好的货币，自年初以来，兑美元汇率上涨了 11% 以上。"共有 20 家欧洲公司办理了卢布结算账户"。

意大利总理马里奥·德拉吉（Mario Draghi）表示，德国已经开始用卢布向俄罗斯支付天然气费用。他断言，其他国家也会不理会欧盟的决定，在不违反制裁的情况下用卢布支付天然气费用。

美国挑起冲突

美国的政策是利用长期的、代价高昂的军事进攻来消耗俄罗斯的资源。美国通过北约基地包围俄罗斯、组织持续的军事行动，向在俄罗斯边境附近作战的乌克兰军队提供重型武器，从而挑起了这场危机。

2004年，华盛顿利用亲法西斯势力在乌克兰策划了一场"颜色革命"，并于2014年策划了一场更为极端的政变。美国的干预系统性地破坏了乌克兰的主权，将乌克兰人民变成了对抗俄罗斯的代理人。数千名美国/北约军事培训员、雇佣兵和大量装备已经破坏了乌克兰的中立地位。

北约在欧洲的美国和北约基地部署核武器，在俄罗斯边境附近部署具有核打击能力的武器，公然激怒俄罗斯发起自卫反击。

拜登威胁发动世界大战

2022年2月24日，俄罗斯终于用行动做出了回应。在过去的几年里，莫斯科多次警告，如果乌克兰继续发动袭击，将会造成什么后果。美国大企业从对俄罗斯的能源制裁中获益，但欧洲消费者却付出了巨大代价。制裁给欧盟造成的损失大于俄罗斯遭受的损失。华盛顿是怎样迫使欧盟实施违背其自身经济利益的制裁的呢？2月26日，拜登公开向欧盟发出最后通牒。他说，如果欧盟不加入美国对俄罗斯的制裁，唯一的结果"第三次世界大战"。

"你们有两个选择。发动第三次世界大战，与俄罗斯在战场上见。或者，第二，让这种违反国际法的国家付出代价……我知道这些制裁是有史以来最广泛的制裁，不管是经济制裁还是政治制裁。"在接受网络主播布莱恩·泰勒·科恩（Brian Tyler Cohen）采访时，拜登进一步表示，他"从一开始的目标就是让北约和欧盟'站在同一立场上'"。

欧盟各国很快就明白了美国的意图。从本质上讲，美国通过对北约的掌控，将整个欧洲作为人质，重建其经济主导地位，扩大其在欧洲大陆的军事实力。

俄乌冲突发生一周内，七国集团所有国家采取一致行动，冻结了俄罗斯的外汇储备资产。2月28日，瑞士也加入了这一行列。俄罗斯存在美国和其他西方国家银行的5000亿美元资金被没收。这让人们更加意识到，没有一个国家的资产可以免受西方银行没收的命运。

伊朗被没收的数十亿资金（虽然双方签署了归还协议）、委内瑞拉被没收的数十亿资金削弱了人们对西方资本主义银行的信任。

美国境内哪些群体为此付出了代价？

美国的军事行动代价很大，让拜登的许多竞选承诺化为泡影。华盛顿不得不将用于"重建美好未来"（Build Back Better）的基础设施计划、新冠肺炎救助方案、其他突发卫生事件的应对准备、学生债务减免和所有其他承诺的民生计划排除在议程之外。

制裁必须通过一场无休止的战争来强化——这必然会为美国军工复合体带来利润。彭博新闻社报道称，截至2022年4月11日，美国政府又为军事承包商提供了80亿美元的对俄战争资金，另外还有来自欧盟国家的28亿美元和来自欧盟机构的14亿美元。

到4月28日，拜登总统将向武器制造商提供的军事补助增加到330亿美元，并将该计划提交给国会。没过几天，国会将这一计划中的资金数额增加到400亿美元，这还不包括之前已经提供的资金。

在美国国会共和党和民主党、国内大型银行、大型制造企业和人类历史上规模最大的军事机器的压倒性支持下，拜登政府加大力度，投入越来越多的先进武器和称为"培训员"（Trainers）的北约部队，俄罗斯边境上的军事演习和"战争博弈"（War Games）逐渐升级。

针对中国

美国的政策是将北约的存在扩大到中国周边。美国试图打造亚洲版北约，意图破坏亚洲经济合作与繁荣，分裂区域地缘政治和地缘经济格局。自奥巴马政府"重返亚洲"（Pivot to Asia）以来，中国日益成为美国制裁的目标。

5月6日，中国官方媒体《环球时报》表示，发展中国家应共同应对西方制裁俄罗斯的后果。对于全球经济来说，西方对俄罗斯的制裁仍将是一个长期的负面因素。这也将导致西方在全球金融、经济和贸易体系中进一步占据主导地位。因此，包括中国、印度、印度尼西亚、巴西等在内的拒绝在西方制裁俄罗斯方面选边站的发展中国家，需要考虑如何强化经济协调，应对西方带来的冲击。需要注意的是，发展中国家必须通过金融和贸易合作寻求破局之道。当下，金砖国家应该迈出第一步，制定自己的金融协调机制。

北京正准备应对因为拒绝跟随美国一起制裁俄罗斯而引发的美国进一步制裁。即使是作为全球金融中心的中国香港的银行和香港金融管理局也在制定应急计划，防止SWIFT结算体系被切断。

新的制裁

最近，一家名叫"战略与国际研究中心"（Center for Strategic and International Studies）的华盛顿智库，根据对俄罗斯的制裁，阐述了他们准备如何全面制裁中国。

2021年，中国的国内生产总值（Gross Domestic Product，GDP）大约是俄罗斯的10倍。中国是世界重要的贸易经济体和第一大产成品出口国。美国对中国的制裁计划多是从人为制造的"台湾危机"开始的。华盛顿违反过去与中国达成的协议，正在逐步加码对中国台湾的军事援助。美国的战略制定人士都承认，对中国的制裁和军事对抗将在世界范围内造成巨大破坏，但这一预测并没有让他们放缓手中的准备工作。

关于当前的乌克兰危机，反对北约的国际运动需要知晓帝国主义的"工具箱"里还有什么。

当下，迫切需要在全球范围内掀起一场反对经济制裁的运动，因为这种经济制裁是一种反人类罪。

国际行动中心，2022 年 5 月

"制裁即杀戮"工具箱

[美]玛格丽特·弗劳尔斯(Margaret Flowers)

"制裁即杀戮"演示文稿文本示例

下文是配合 PowerPoint 演示的示例文本。该文本用于简单的内容陈述。人们可以根据自己的目标和受众调整文本内容。

美国在国内外发动的

"经济战争"(制裁)

在本次展示中,我将讨论美国在世界各地的"经济战"策略,通常称为"制裁"。我将介绍制裁的定义、制裁会影响谁,以及它与针对国内民众发起的"经济战"有何

关系。最后，我将给出终结经济制裁的措施。

何为制裁？从技术上讲，它是一个或多个国家对另一个政府、团体或个人实施的商业和经济惩罚，例如，美国对伊朗、古巴、朝鲜、叙利亚、津巴布韦和其他 14 个国家实施的贸易限制。这些贸易限制通常还禁止其他国家（包括未受制裁的国家）与目标国家进行贸易。后者属于次级制裁（secondary sanction）。违反次级制裁，通常也会受到制裁。

何为制裁

对一个国家、企业或个人实施的经济或其他方面的限制。
- ▶ 贸易限制
- ▶ 金融交易的限制
- ▶ 冻结资产
- ▶ 国外援助的减少
- ▶ 旅行限制和其他

制裁可以采取阻止金融交易的形式，不允许金融机构处理相关交易。这阻止了政府、团体或个人开展业务——从国外购买商品或服务。政府还可以冻结另一个国家或实体的资产，就像美国 2019 年 8 月通过行政命令对委内瑞拉所做的那样："委内瑞拉政府在美国的所有财产和财产权益……都被冻结，不得转让、支付、出口、提取等。"

政府可以通过减少对外援助来进行制裁，就像美国对巴勒斯坦所做的那样，也可以通过阻止美国主导的机构（如国际货币基金组织、世界银行）提供贷款来制裁。2016 年《全球马格尼茨基人权问责法案》（Global Magnitsky Human Rights Accountability Act，简称"马格尼茨基法案"）授权美国政府阻止美国认为侵犯人权或腐败的任何人前往美国或干脆吊销其美国签证。美国已经开始用这个法案对付来自中国、俄罗斯、乌克兰等国家的个人了。

通过宣传，美国政府让国内民众相信，经济制裁策略比军事入侵更为人道。其实，这种观点是错误的。

第一部分　关于制裁的基本知识

与其他形式的战争一样，制裁的目的是让美国获得相对于其他国家的经济优势，如美国针对华为（Huawei）等中国科技公司的制裁。

美国常常将制裁当作工具，用来推翻不服从美国的他国政府。美国的制裁目标是让受制裁国陷入经济困境（"让经济尖叫"），指责该国政府应对困难负责，煽动民众起来抗议其政府。美国用杜撰出来的、通常是美国支持的反对派来为美国干预寻找依据，要求政府下台或蓄谋发动政变。

美国实施的制裁是"经济战争"

制裁的提议者说经济制裁比军事入侵更为人道。制裁一般用于：
▶ 为美国提供经济优势
▶ 推动政权更迭
▶ 报复

美国还将制裁用作报复手段，破坏其他国家争取更加独立、发展非资本主义经济的努力。国际刑事法院（International Criminal Court）成员国因持续调查美国在阿富汗犯下的战争罪行而受到制裁。

制裁即杀戮

制裁以无形的方式杀人。制裁：
▶ 破坏经济
▶ 促使大批投资人撤资
▶ 破坏地区合作
▶ 影响民众生活，使其很难获得基本的生活必需品，如食物、水、能源和运输服务

制裁本质上就是战争。它与子弹、炸弹一样致命，但它造成的损害和伤亡对于身处受制裁国之外的人来说并不那么明显。

制裁会破坏经济，导致恶性通货膨胀和失业，使人们买不到基本的生活必需品，进而荼毒生命。随着企业和金融机构为了避免成为制裁目标，极力

与受制裁国政府保持距离，制裁由此推动了资本外逃。随着大企业转移到其他地方或无法获得所需的原材料，工作岗位大量流失。由于资金和相关专业人士的流失，基础设施的建造和维护受到极大影响。

制裁会阻止一个地区的国家之间不再相互合作或进行贸易往来。即使一个国家有钱购买基本商品，也无法达成交易或进口产品。一项研究发现，2017年至2018年，制裁导致委内瑞拉4万人死亡。另一项研究发现，2018年，制裁导致4000名朝鲜人死亡，其中大多数是儿童和孕妇。20世纪90年代初，美国对伊拉克的制裁导致多达88万名五岁以下儿童因营养不良或疾病而死亡。

制裁是非法的

不经法律手续而单方面实施的经济胁迫措施违法了国际规则和人权法律：

　　《联合国宪章》
　　《日内瓦第四公约》
　　《防止及惩治灭绝种族罪公约》
　　《纽伦堡宪章》
　　《国际刑事法院罗马规约》
　　《世界卫生组织章程》
　　《世界人权宣言》
　　美国宪法的"至高条款"

美国的制裁违反了国际法律和美国宪法。

严格地讲，美国的制裁不是制裁，而是单方面强制措施。制裁指的是通过法律程序判定一个国家、团体或个人违反了法律，然后运用制裁对该实体进行惩罚。

美国的大多数行为是在这个流程之外进行的。这种经济制裁是单方面实施的。美国在动用法律程序时，如通过联合国动用法律程序，美国会向其他国家施加压力，为的是达到理想结果。

一些受制裁国家与美国对簿公堂，质疑美国的这种单方面强制措施。

2018年，伊朗因美国制裁将其诉至联合国国际法院，并胜诉，但美国拒绝执行裁决结果。国际法院没有强制执行机制。目前，委内瑞拉正在向国际刑事法院提起诉讼，指控美国犯有危害人类罪，原因是美国实施的强制措施造成了委内瑞拉民众生命财产的巨大损失。

美国宪法的"至高条款"规定，国际法的效力等同于美国立法机构制定的法案，尽管这一规定自其诞生以来就有一些限制。

> **美国怎样实施制裁？**
>
> 一般来说，制裁的第一步是宣布某个实体对美国安全构成威胁，触发美国《国际紧急状态经济权力法》。
>
> 制裁的实施机构可以是：
> 白宫
> 美国国会
> 美国国务院
> 美国财政部
> 联合国

制裁过程的第一步通常是白宫宣布某个国家对美国国家安全构成威胁，或者说某个外国实体是恐怖组织。这种说法通常没有证据，或者证据是捏造的。这种指控会触发《国际紧急状态经济权力法》（International Emergency Economic Powers Act），允许美国财政部实施经济制裁。

美国国会或国务院也可以对他国实施制裁，例如，最近针对尼加拉瓜的 NICA 法案。他们还可以对个人实施制裁，例如，阻止联合国外交官参加联合国会议的旅行禁令。

联合国安理会有权对国家或特定实体实施制裁。美国作为联合国安理会常任理事国，对联合国制裁进程有着巨大的影响力。当下，美国的影响力可能开始减弱。2020 年，美国试图延长对伊朗的武器禁运，但联合国安理会成员以压倒性多数投票反对，认为美国退出《伊核协议》（The Iran Nuclear Deal），它就会失去在该协议中的地位。

目前，被美国制裁的国家一共有 44 个，占全球人口的三分之一，其中三分之一的国家是非洲国家。大多数受制裁国家主要分布在南半球。除了国家，美国财政部外国资产控制办公室（Office of Foreign Assets Control）的制裁名单上还有超过 6300 名个人。

> **哪些国家被制裁过？**
>
> 阿富汗、白俄罗斯、波斯尼亚和黑塞哥维那、布隆迪、中非共和国、中国、科摩罗、古巴、塞浦路斯、刚果民主共和国、几内亚、几内亚比绍、海地、伊朗、伊拉克、吉尔吉斯斯坦、老挝、黎巴嫩、利比亚、马里、毛里塔尼亚、摩尔多瓦、黑山、缅甸、尼加拉瓜、朝鲜、巴勒斯坦、俄罗斯、卢旺达、塞尔维亚、索马里、南苏丹、苏丹、叙利亚、突尼斯、委内瑞拉、也门、赞比亚……

要想解除制裁，各国必须同意美国的要求，采取紧缩措施，实行美国认可的选举，做出经济和政治方面的其他让步。这就是为什么制裁实际上是单方面的胁迫性经济措施，是非法的。

> **制裁影响的是哪些群体？**
>
> 　　主要是非白人群体
> 　　随着经济崩溃，基本的商品和服务无法获得，平民受到的冲击最为严重
> 　　制裁伤害一个国家里最脆弱的群体

虽然美国政府说制裁范围不包括食品、药品等必需品，经常说制裁主要影响政府或其他官员，但现实情况是，平民，特别是妇女、儿童、老年人和有疾病的人，受到的冲击最大。

下面，我将详细论述，制裁会削弱经济，导致失业和通货膨胀，阻碍食品、药品等必需品和用于维护基础设施、保证生产制造业运行设备的进口，阻碍贸易和国际旅行。

也许单方面强制措施或制裁最严重的影响之一是它对民众健康的影响。

即使被制裁国家能买得起相关药品，也无法通过正常渠道支付药品费用。委内瑞拉在伦敦银行（Bank of London）拥有价值10亿美元的黄金，打算用这些黄金通过联合国购买必需品，但英国冻结了这些黄金。同样，委内瑞拉通过其石油公司Citgo拥有一笔基金，用于支付在西班牙接受治疗的骨髓移植患者（主要是儿童）的一些费用，但美国没收了Citgo。由于委内瑞拉无法进口生产药品所需的前体，曾经繁荣的委内瑞拉制药业遭受了重创。

制裁冲击医疗体系

药品：对药品和前体的进口限制，导致无法生产合成药（Phanmaceuticals）
设备：对医疗设备零配件的进口限制，导致医疗设备无法维修
疾病：影响了疾病的最佳治疗时间
研发：影响了研发和创新共享方面的合作

此外，受制裁国家无法进口医疗用品和设备，被迫重复使用一次性医疗用品。燃料短缺会阻碍病人的运送，基础的电力和供水设施可能无法正常运转。食物、水和电力的短缺会影响人们的整体健康水平，例如，我们知道，当无法获得清洁水时，会有更多儿童死于传染病，尤其是腹泻。

最后，受制裁国家的科研会遭遇很多障碍。他们的科学家无法买到国外的科学书籍或参加国际会议。他们无法与其他国家的机构合作。事实上，对其他国家实施的制裁也影响了美国人民的健康，因为我们无法获得受制裁国家的医疗创新成果，也无法从医疗合作中受益。例如，古巴经常派遣医生到世界各地为当地医疗保健系统提供护理和支持，而美国无法从中受益。

制裁的另一个严重影响是食物短缺。最明显的原因是无法进口食品，因为银行拒绝处理这方面的交易结算。即使受制裁国家支付了款项，食品也无法运到国内，因为保险公司不给运输食品的船只提供保险。

制裁也损害了农业机构，造成种子、农业材料以及开动农机和运输粮食

的燃料短缺。在津巴布韦，当地民众采取行动夺回承诺给他们的土地时，美国启动了破坏性制裁。

制裁导致食品短缺

　　阻止食物进口
　　冲击农业
　　抬高食品价格

　　粮食短缺和造成恶性通货膨胀的制裁导致的经济凋敝致使粮价上涨，失业率上升，千万家庭买不起足够的粮食。世界上大多数做不到粮食安全的国家都是受制裁国家。

　　水对于生活也至关重要，制裁会影响民众获得清洁水，导致人们用水困难，百病丛生。

　　制裁措施阻碍获得清洁水的主要原因是，受制裁的国家无法进口维持其供水基础设施正常运行所需的零配件，无法获得供水厂和污水处理厂等基础设施用作动力的燃料，另外，因为电力短缺，向千家万户和其他建筑物供水的水泵也无法正常运转。

制裁阻碍人们获得清洁水

　　阻止受制裁国进口处理和输送水的设备和零件
　　推高能源价格，损害供水和抽水使用的能源基础设施

　　制裁会影响教育的各个层面，从缺乏维持学校开放和运营的资源到无法进口铅笔、书籍等基本的学习用品。受制裁国家的学生，无法使用在线工具和计算机软件，因为他国企业不想承担因违反制裁而受处罚的风险。

> **制裁影响教育**
>
> 　　阻碍学校获得基本的教学用具和物资
> 　　阻碍书本或软件的进口
> 　　限制了出国学习
> 　　导致学生不得不辍学打工

　　制裁还影响学生海外求学。受制裁国的学生可能被禁止出国留学,或者即使留学申请被批准,也无法支付留学费用,因为银行拒绝处理这方面的交易。制裁造成的经济困难和粮食短缺还可能导致不少孩子中途辍学,前往工厂打工或从事粮食生产。

　　制裁不但禁止邻国向受制裁国输出电力,还禁止从邻国进口用于发电厂运行的燃料和零部件。制裁还会阻碍受制裁国购买电网所需的零部件。

> **制裁可能对能源产生巨大的负面影响**
>
> 　　影响能源进口和出口
> 　　影响必要设备的进口

　　即使在委内瑞拉和伊朗等化石燃料资源丰富的国家,制裁也限制它们进口开采和精炼设备正常运转所需的材料和设备,使它们无法正常充分利用自己的化石燃料。

　　石油和天然气供应的减少会影响受制裁国的整个交通基础设施系统。另外,受制裁国无法进口维持汽车、卡车、公共汽车和火车正常运行的零件和工具。

　　在古巴,一辆小轿车可以用七拼八凑的零部件跑上数十年,并且还能传给下一代。在委内瑞拉,由于燃料短缺,人们可能要排好几天队才能给汽车加上油。

　　制裁会给受制裁国的交通运输带来不良影响,影响全国范围的人员出行和货物流动,波及农民、工厂和公司。

> **制裁和运输**
>
> 让受制裁国难以获得石油和天然气
> 限制基础设施维护所需的零部件的进口
> 限制物资和人员的流动

制裁会通过多种机制加剧受制裁国的失业率。即使在制裁前，只要一个国家被人说成是安全威胁，投资者和企业就会未雨绸缪，及早离开该国。这种资本外逃导致大量就业岗位流失。

恶性通货膨胀导致商品价格上涨，降低人们的购买能力，导致企业破产和倒闭。

缺乏投资资本，无法进口所需的物资和设备，导致受制裁国工业衰弱或彻底凋敝，进一步导致就业机会的流失。

与其他国家存在贸易壁垒，意味着受制裁国生产的食品和其他商品销售市场很小，对它们非常不利。最后，制裁对运输的影响可能让生产商无法将其产品运到市场（如果有市场的话）。

> **制裁和就业**
>
> 资本外逃
> 通货膨胀高企
> 市场萎缩
> 交通系统萎缩

制裁会给受制裁国的民众带来切实的困难，迫使他们背井离乡，离开故国。当经济遭到重创、人们无法满足其基本需求、失业率居高不下，或者社会动乱导致暴力事件层出不穷时，人们往往别无选择，被迫远走异国，导致人才流失，那些拥有经济资源的医学或工程专业人才很可能会离开。如果维持国家正常运转所需的专业人才越来越少，整个国家的形势就会越来越困难。

> **制裁推动移民**
>
> 失业
> 缺乏基本的生活必需品
> 暴力

2020 年春天，新冠疫情暴发后，世界各国呼吁和平与国际合作，共同阻止疫情传播，确保各国拥有保护民众健康所需的资源。

联合国等国际机构呼吁停止制裁活动，因为制裁会对民众的饮食和健康产生不利影响。美国拒绝了这一要求合作的呼吁，退出了世界卫生组织（World Health Organization，WHO），加大了对伊朗、委内瑞拉等国的制裁力度，继续进行军事侵略。

> **制裁和新冠疫情**
>
> 国际合作
> 美国：
> 　　退出世界卫生组织（WHO）
> 　　增加制裁
> 　　加大侵略力度

疫情期间，美国也没有为本国民众提供基本的生活保障。这毫不奇怪，因为一个不关心国外民众生活的政府同样不会关心本国人民。

美国对世界各国实施的单方面强制措施对美国民众的伤害是多方面的。一个明显的例子是贸易限制，美国禁止美国企业与受制裁国家开展贸易往来。例如，美国农民不能将农产品出口到受制裁国家。贸易限制政策也不允许美国人从受制裁国家进口产品。

其他国家为了规避制裁，积极寻找新的贸易方式，将美元和听命于美国的金融机构排除在外。这就会导致美国的孤立和全球经济的去美元化。

> **制裁也伤害国内民众**
>
> 贸易减少
> 孤立于国际社会
> 不安全感增加
> 遏制创新
> 推动移民
> 分裂工人阶层

针对其他国家的经济制裁可能会破坏这些国家的稳定，导致暴力和威胁全球安全的严重问题。在一些地方，这些经济制裁措施让受影响的国家民众更加团结，一起反对共同的敌人——美国。

限制受制裁国家的实体共享信息和合作会扼杀创新，阻碍了美国民众从受制裁国家的新技术中受益。

随着人们为了寻求就业机会，逃离不稳定的、充满暴力的社会环境，经济制裁推动了移民潮的出现。人们常常将移民的责任归咎于移民者，而不是迫使他们逃离祖国的大环境。

在美国，美国人将自己的收入不稳定归咎于外来移民。他们成了一个方便的替罪羊，使工人阶层内部分裂，而不是团结起来反对造成不安全的共同原因——服务于富人的经济体系和崇尚霸权的外交政策。

美国人经历的"经济战争"与受制裁国家民众经历的"经济战争"类似。美国在世界各国实施的"新自由主义"经济政策同样也实施于美国境内的人民。

这种经济政策采取营利性医疗保健系统的形式，使美国数以千万计的人无力支付医疗保险费用，还有数以千万计的人投保不足，这意味着尽管有医疗保险，他们仍然无法负担自己所需的医疗费用。美国严重缺乏经济适用房。公共教育资金不足，并不是所有想要接受高等教育的人都能获得高等教育。大多数美国人工资很低，没有安稳的退休生活。由于缺乏维护投资，美国的基础设施问题不断。这成为将公共住房、邮政服务、水、互联网、学校、道路、公共交通等一切服务私有化的借口。

> **美国国内的"经济战争"**
>
> 制裁是一种侵犯国内外民众人权的一种压制措施。受制裁民众缺乏挑战强权的资源,不得不苦苦支撑。
>
> 美国国内"经济战争"的表现形式:
> - 营利性的医疗系统
> - 缺乏经济适用房
> - 公共教育经费不足
> - 贫困水平的社会保障/无资金保障的退休金
> - 工资水平低
> - 基础设施薄弱
> - 水、电、网络私有化

作为世界上最富裕的国家之一,美国有能力向其民众提供这些服务,而且政府也有义务满足民众的这些需求。推动国内外"经济战争"的动力是相同的意识形态。而终止"经济战争"的答案是"以人为中心"的解决办法,这种解决办法的根源在于社区自决、与那些将利润置于人类生命和宜居未来之上的当权者做斗争。

现在迫切需要世界各地的人民团结起来,结束国内外的一切"经济战争"(制裁)。

> **终结国内外的"经济战争"**
>
> 为了结束"经济战争",我们必须在世界范围内掀起一场以人为中心的人权运动。欲了解相关工具和信息,请浏览 SanctionsKill.org.
>
> ☐ 支持这个倡议
> ☐ 签署这封公开信
> ☐ 联系美国国会议员
> ☐ 加入这个行动
> ☐ 捐赠

"制裁即杀戮",2020 年

美国制裁：战争的"替代方案"

［美］里克·斯特林（Rick Sterling）、
［加拿大］约翰·菲尔波特（John Philpot）、
［美］戴维·保罗（David Paul）

以下是一份调查报告的摘要，该调查报告是由"制裁即杀戮"运动成员完成相关调查后撰写的。

近几十年来，美国越来越多地将制裁用作外交政策工具。数十个国家已成为它的制裁目标，联合国将这些制裁称为"单方面强制措施"。

2022年俄乌冲突爆发后，美国及其盟国加大力度孤立俄罗斯，力图摧毁俄罗斯经济。尽管西方假装拥有广泛的国际支持，但世界上84%的国家并未加入针对俄罗斯的制裁行动。[1]当下，制裁行动让发动制裁的国家自食恶果，正在给西方造成巨大的经济损失。

本报告的调查结果和结论是对叙利亚进行实地调查以及对古巴、伊朗、尼加拉瓜、委内瑞拉和津巴布韦等一些受制裁最严重的国家的公民进行问卷调查的结果。该报告还包含了来自英国、法国和美国的第一手信息。

下文简单列举了报告中一些主要发现和结论。

美国对全球数十个国家实施经济和政治制裁的外交政策给平民造成了巨大痛苦。这项政策被视为战争的"替代方案",实际上是另一种形式的致命侵略,它试图改变受制裁国家的政府或政府政策,侵犯了他国主权。

美国为其广泛实施的制裁政策辩护,声称制裁措施规定了"人道主义例外",以防止无辜者死亡。然而,这份研究一再表明"例外"措施没有发挥作用。据估计,仅在委内瑞拉,过去十年的极端经济制裁就已导致10多万人死亡。[2]

美国官员不经意地承认,制裁的目的是破坏目标国家的经济,刺激民众起来反抗政府。虽然这种政策成功地损害了平民的利益,但在很大程度上未能煽动叛乱。

2022年2月以来,美国等西方国家对俄罗斯实施严厉制裁,禁止或严格限制商品进出口。几位西方国家领导人表示,其目标是削弱和破坏俄罗斯。

然而,对俄罗斯的制裁却起到了适得其反的效果,给整个西方,尤其是欧洲造成了严重的经济损失。能源成本急剧上升,导致整个欧洲经济体出现通货膨胀。大多数中产阶层和工人阶层的生活水平大幅下降。

西方的制裁也伤害了位于南半球的一些国家。俄罗斯是工业所需的谷物、化肥和贵金属的主要生产国。孤立俄罗斯经济的政策导致了这些重要大宗商品的短缺和价格上涨,例如,由于对俄罗斯船只的制裁、对空港和海港的限制,以及进行金融交易的困难,让俄罗斯小麦无法运往一些国家。

俄罗斯经济虽然也受到损害,但显然程度较小,俄罗斯的货币甚至出现了升值现象。

几十年来,美国的农民、商人和工会一直反对制裁。随着生活成本的上升,这种反对的声音正在迅速增加。在西欧,制裁给经济带来的负面影响更为严重,反对声音也相对更多。随着越来越多的民众开始质疑对俄罗斯经济制裁的目的和合理性,对俄制裁正在引发政治动荡。最近几周,布拉格[3]、巴黎[4]、伦敦发生了大规模抗议活动[5]。

美国主导的制裁也因美元主导地位的削弱而适得其反。制裁迫使各国开发美国主导的各种系统的替代系统。随着俄罗斯被剔除用于国际银行结算的

SWIFT系统，替代系统的使用率越来越高。用美元买卖石油的石油美元正在衰落，甚至可能消失。沙特阿拉伯准备在向中国出售巨额石油时接受人民币结算。

美国的制裁政策由美国国会法案或总统令的形式实施。在后一种情况下，他们往往说出现了"国家紧急状态"（National Emergency）和"不寻常的和特殊的威胁"（Unusual and Extraordinary Threat）。一般来说，这明显是杜撰之词，例如，奥巴马政府对委内瑞拉实施制裁，声称该国对美国构成"特殊威胁"。对制裁的痴迷让美国违反了相关的长期国际条约，例如，受制裁的委内瑞拉政府特使亚历克斯·萨博（Alex Saab）被美国监禁多年。美国的这种做法违反了美国作为创始成员国的《维也纳外交公约》（Vienna Convention on Diplomatic Relations）[6]。

2020年12月联合国大会决议确认，世界上70%的国家谴责美国的制裁政策，认为那些制裁违反了国际法和《联合国宪章》。由于严重的媒体偏见和审查制度，大多数西方公众并不知道这一点。他们也不知道只有16%的国家支持对俄罗斯的制裁行动。[7]

对俄罗斯的制裁造成了全世界的经济动荡和损失。在欧洲，国家领导人似乎无法根据公民的最佳利益行事，因为他们不惜一切代价遵循美国和欧盟的命令，而欧盟也是唯美国之命是从。

美国的制裁政策已经到了拐点。制裁政策的受害者遍布古巴、委内瑞拉、埃塞俄比亚、津巴布韦、阿富汗和其他35个国家。因为对俄罗斯的严厉制裁，伦敦、纽约、柏林、巴黎以及整个西方也都不乏受害者。

受益者是谁？主要赢家是美国外交政策精英。他们抗拒《联合国宪章》，信仰美国霸权/至上，将世界推向冲突和战争。最终，美国的制裁政策为美国当局承担刑事和民事责任提供了可能。

美国的外交政策不是寻求外交解决俄乌冲突、结束对俄制裁，而是加剧紧张局势和制裁，增加全球战争的风险。我们必须站出来阻止和改变这些政策。根据我们的研究，必须停止一切单方面强制措施，尊重《联合国宪章》，尊重所有国家的主权。

"制裁即杀戮"，2022年

尾注：

〔1〕https://www.wilsoncenter.org/blogpost/countrieshavesanctionedrussia.

〔2〕https://www.blackagendareport.com/formerunrapporteurhumanrightsussanctionshavekilledmore100thousandvenezuelans.

〔3〕https://balkaninsight.com/2022/09/05/tensofthousandsrallyinpraguetoprotestcostoflivingcrisis/.

〔4〕https://www.theguardian.com/commentisfree/2022/aug/23/costoflivingfrenchpopularresistancelivingstandardsuk.

〔5〕https://www.youtube.com/watch?v=QOlDQRkL9t4.

〔6〕https://legal.un.org/ilc/texts/instruments/english/conventions/9_1_1961.pdf.

〔7〕Ibid.,〔1〕.

拉丁美洲的阶级战争和社会主义抵抗运动

［美］阿贾穆·巴拉卡（Ajamu Baraka）

最近，美国这个由外来移民建立的殖民国家对尼加拉瓜民族民主项目发起了攻击。关于这次攻击的一个极端讽刺之处是，在尼加拉瓜这个美洲第二贫穷的国家，全民医疗、全民教育作为基本人权得到了切实保障，而在美国，这些基本人权是遥远的梦想。

美国众议院中的所谓"进步派议员"（Progressive Block of Legislators）就"重建美好未来"法案（Build Back Better Act）向总统乔·拜登和党内右翼企业派做出让步。该法案为工人和穷人提供了一些小规模和临时的救济。这些"进步人士"投票支持《加强尼加拉瓜遵守选举改革条件法案》（RENACER Act）[1]。这是一项恶毒的法案，目的是削弱尼加拉瓜政府保护民众人权的力度，惩罚那些积极支持尼加拉瓜政府和反殖民计划的民众。

为什么尼加拉瓜[2]、古巴[3]和委内瑞拉[4]对美国构成如此大的生存威胁？为什么它们居然能够让美国民主党和共和党的所有势力联合起来反对它们？这可以归结为两个因素。首先，它们的榜样力量，试图带头推出独立、自主的项目，将民众的物质需求和利益置于资本的利益之上。其次，就是美国的阶级战争政治（Class Warfare Politics）。

美国前国家安全顾问约翰·博尔顿（John Bolton）重申带有种族主义倾向的门罗主义（Monroe Doctrine），但没有遭到拜登政府的批评，因为门罗宣言也是拜登政府政策的指导框架。提及门罗主义，无非是将该思想融入当代政策中的表达，体现为20年来一直主导美国两党外交政策的"全光谱"（Full Spectrum）霸权思想。这一政策的主旨是，敢于反抗美国、在世界任何地区打造威胁美国霸权的独立项目的国家都将被摧毁。

尼加拉瓜、古巴和委内瑞拉不仅试图建设独立项目，而且还建设社会主义[5]，这一事实使它们的榜样作用更具威胁性。

不过，这也有美国国内意识形态的因素。美国决策者认为，这些国家在这个历史时刻的存在本身就构成了潜在的严重意识形态威胁，这个历史时刻的特点是矛盾日益加深且不可逆转，而且当前的资本主义秩序面临着危机。如果这些相对贫穷的国家能够建设公共住房，消除无家可归问题，提供免费教育和全民医疗保健，保证不让任何人挨饿，能够建立保护民众参与权的民主结构，那么，美国民众就会问：为什么美国民众就无法实现这些权利？这个问题可能破坏美国的稳定，必须不惜一切代价避免。

对美国来说，重要的从来就不是人权问题，而是霸权问题。

尼加拉瓜、古巴和委内瑞拉正在尝试建立一种致力于实现社会正义的社会主义，我们称之为"以人为本的人权"[People(s)-Centered Human Rights, PCHRs]。[6] PCHRs在思想上受到了非洲裔美国人激进人权传统社会实践理论的影响，并且和以人为中心的发展观是一枚硬币的两面。与自由主义、个人主义、国家上和法律上的人权概念不同，PCHRs的定义是：

> 某种非压迫性权利，反映了个人和集体通过社会斗争为自己定义和争取有关人类普世尊严和社会正义的最高承诺。

这种人权方针将人权视为一个斗争舞台。当被压迫者的需求和愿望成为这一舞台的基础和策源地时，它就会成为去殖民化和激进社会变革的统一综合战略的一部分。

美国总统乔·拜登说，尼加拉瓜总统丹尼尔·奥尔特加（Daniel Ortega）"与奥尔特加和桑地诺民族解放阵线40年前所对抗的索摩查家族没有什么不同"。[7] 他还说："美国将与国际社会其他成员密切合作，利用一切外交和经济工具来支持尼加拉瓜人民，追究奥尔特加-穆里略政府和那些助长其侵权行为的人的责任。"

拜登忘记提及的一点是，当初，索摩查是被美国扶植上台的，并一直掌权到1979年被桑地诺民族解放阵线推翻。

美国关心世界任何地方的民主或人权的看法是对所有有识之士的侮辱。我不想再次列出美国犯下的一连串罪行，只说说其中的两个。拜登政府和他们在媒体中的意识形态走狗，甚至包括一些所谓的"左派"人士，都对尼加拉瓜65%的投票率提出了质疑。但是，当事实证实只有不到四分之一的投票人参加了克林顿强行扶植的海地总统米歇尔·马泰利（Michel Martelly）的虚假选举，或者同样虚假，投票率不到20%的若弗内尔·莫伊兹（Jovenel Moise）选举时，《纽约时报》、《华盛顿邮报》和所有其他自诩"新闻机构"的宣传媒体在哪里？

当主政白宫的奥巴马总统批准推翻洪都拉斯曼努埃尔·塞拉亚（Manuel Zelaya）的民选政府时，在奥巴马手下任职的乔·拜登当时是什么立场？他反对了吗？

罪行累累是所有移居者建立的殖民国家的核心特征，因为这种国家诞生于针对土著居民的系统性的、带有恐怖主义性质和种族灭绝性质的暴力。当它们成为全球帝国时，例如美国，更是如此。民主和人权只不过是意识形态口号，目的是掩盖统治者的真正利益和意图，让国内民众支持它所实施的犯罪活动。

海地的颠覆活动，对尼加拉瓜、古巴和委内瑞拉的制裁和攻击，以及从全球800多个美军基地发起的持续不断的战争，这些活动仍在继续，而且只要美国公众稀里糊涂、不团结，不明白资本主义寡头的利益不是他们的利益，这些活动就会继续下去。

在美国，这种认识的转变正在慢慢地发生。过去一年半的经济危机紧随那场毁灭性的危机而来，引发了一场合法性危机，也让人们对统治者的真正利益有了新的认识，而这种认识是不会逆转的。工人和穷人缺乏安全感，不得不打消对政府和经济体系的任何幻想。

围绕"重建美好未来"法案的辩论，以及删除可能对工人，特别是有色人种女性工人的生活产生重大影响的条款，让人们意识到该法案是一个虚伪的公关噱头。

与那些走社会主义道路的尝试相比，该法案中的条款即使在删除大部分进步性条款之前，仍然没有为民众提供最基本的人权保障，没有为人们提供社会保障，没有满足人们获得适当收入、住房、教育的权利，没有满足民众以投票权为最低限度的参与治理的权利，以及医疗等权利。以上仅列举了美国人民被剥夺的几项权利。那些遭遇种族歧视，不得不居住在某些聚居区内的有色人种被剥夺的权利更多。

这就是为什么社会主义理念和替代资本主义野蛮行径的可能性受到攻击。美国打算把尼加拉瓜变成海地，把古巴变成洪都拉斯，把委内瑞拉（该地区解放运动的关键力量）变成利比亚——美国和欧洲经常喝拿铁咖啡的左派也支持他们这么干。

然而，正如我们的兄弟内特法·弗里曼（Netfa Freeman）所说，黑人反殖民革命者将与尼加拉瓜、世界上所有积极努力的人民站在一起，共同对抗国际和平与人权的头号威胁——美利坚合众国。在这方面，我们毫不妥协，绝不退缩！

《黑人议程报告》（*Black Agenda Report*），2021 年 11 月

尾注：

［1］"S.1064 RENACER Act", https://www.congress.gov/bill/117thcongress/senatebill/1064.

〔2〕"Why Black Revolutionaries Must Stand with the People of Nicaragua", https://hoodcommunist.org/2021/11/04/whyblackrevolutionariesmuststandwiththepeopleofnicaragua/.

〔3〕"A Guide to the US Blockade on Cuba", https://hoodcommunist.org/2021/10/07/aguidetotheusblockadeoncuba/.

〔4〕"Venezuela: A People's Democratic Process", https://hoodcommunist.org/2020/12/17/venezuelaapeoplesdemocraticprocess/.

〔5〕"ABCs of Socialism", https://hoodcommunist.org/2020/11/19/abcsofsocialism/.

〔6〕"The Universal Declaration of Human Rights at 70: Time to DeColonize Human Rights!" https://blackallianceforpeace.com/peoplescenteredhumanrights.

〔7〕"Statement by President Joseph R. Biden, Jr.", https://www.whitehouse.gov/briefingroom/statementsreleases/2021/11/07/statementbypresidentjosephrbidenjronnicaraguasshamelections/.

伊朗外长专访：
美国经济制裁政策将事与愿违

［美］本·诺顿（Ben Norton）、
［美］马克斯·布鲁门特尔（Max Blumenthal）

《灰色地带》(*The Grayzone*)从尼加拉瓜首都马那瓜报道，该国刚刚庆祝了推翻美国支持的独裁政权的桑地诺革命（Sandinista Revolution）①40周年纪念日。

伊朗外交部长贾瓦德·扎里夫（Javad Zarif）刚刚从委内瑞拉的加拉加斯抵达这里，他刚参加了在那里举行的不结盟运动国际峰会。在会议上，伊朗、尼加拉瓜和委内瑞拉等国讨论了如何绕过美国对这些国家的严厉制裁。

我们向扎里夫部长询问了有关美国经济制裁和最近扣押几艘油轮的几个问题。

采访对话：

本·诺顿：一年多前，美国单方面退出了《联合全面行动计划》(The Joint Comprehensive Plan of Action,

---

① 又称尼加拉瓜革命、桑地诺人民革命。——译者注

JCPOA，又称《伊核协议》）。在您与欧洲外交官的会谈中，是否感觉到他们真的在努力挽救这个协议？虽然他们口头上说是，但到目前为止，他们实际上并没有采取认真的经济措施来解决美国的制裁。

部长，您刚参加了在加拉加斯举行的不结盟运动会议。世界上遭受美国单边制裁的国家是否正在努力创造新形式、新的经济机制来规避这种单边经济制裁？您认为欧洲国家是否愿意参与其中，或者他们的外交政策是否服从于美国？

贾瓦德·扎里夫： 我认为美国滥用自己的经济实力，极力将美元用作对付其他国家的经济恐怖主义武器，迟早会反噬自己。

各国正在决定不再将美元用作国际结算的手段。当然，这不是件一蹴而就的事情，而是一个长期的过程。

欧洲人为了与伊朗做生意创建的 INSTEX 可能不会对伊朗产生预期的影响，不过，这对美国来说是一个非常严峻的信号：人们渐渐不再紧盯美元，不再主要使用美元进行国际结算。

甚至我们地区内外的美国盟友和美国朋友之间也出现了这种情况。

2018 年，我们与土耳其之间 35% 的双边交易都是以本国货币进行的。这种情况正在我们和中国之间、我们和印度之间、我们和俄罗斯之间、我们和地区国家之间发生。

因此，作为美国经济恐怖主义和所谓制裁的针对对象，我们必须认清现实，了解自己的潜力。

昨天，我们开始在加拉加斯讨论这些问题。我们与尼加拉瓜朋友就很多领域探讨了这些问题。我认为未来是我们的。

我认为，我们应该遵守国际法、法治和《联合国宪章》。我认为，那些反对这些规则的人，那些想要恢复 20 世纪和 19 世纪单边主义措施的人，注定会失败。

关于欧洲在这方面的准备情况，我认为，欧洲人希望保留《联合全面行动计划》；欧洲人明白他们需要保留《联合全面行动计划》；欧洲人已经意识到不能任由美国欺侮他们。

不过，他们是否准备进行必要的投资，来实现这一目标则是另一回事。

我一再强调，不下水，永远学不会游泳。欧洲人必须准备好为自己的未来做投资。不是为我们投资，我们不会要求其他人为我们投资。

如果欧洲人希望能够在国际交往中拥有发言权，那么他们就需要为这种发言权做投资。

马克斯·布鲁门特尔：很多媒体报道，西班牙外交部长也表示，英国根据美国（特别是约翰·博尔顿）的命令扣押了一艘伊朗油轮。伊朗采取报复措施，扣押了一艘显然进入伊朗水域的英国油轮，是否表明伊朗对作为《伊核协议》签署国的英国缺乏信心？

说到整个欧洲，它不会遵守《伊核协议》，它是不是由博尔顿、比比（Bibi）、本·扎耶德（bin Zayed）①和本·萨勒曼（bin Salman）组成的"B团队"领导的？这对伊朗和欧洲的未来关系意味着什么？

贾瓦德·扎里夫：不幸的是，从一开始就很清楚，英国和直布罗陀当局没收那艘运载伊朗石油的船只时提出的理由——那不是伊朗的船，只是一艘运载伊朗石油的船只——显然是没有根据的。

原则上，欧盟不会动辄将其规则用于第三方。英国在退出欧盟的过程中，变得比教皇还要圣洁，做了连欧盟都不会做的事情，虽然它曾公开表示不会做那种事情。

因此，从一开始就很明显，英国正在为特朗普政府做事。这并不是英国第一次对美国政府言听计从。

特朗普总统一当选，尚未就职之时，英国就阻止执行我们与代表特朗普总统的上届美国政府达成的协议。伊朗人民没有忘记这一点。

不过，我们在霍尔木兹海峡对美舰采取的措施并非报复，只是在执行国际法。

---

① 比比，指的是以色列总理本杰明·比比·内塔尼亚胡（Benjamin "Bibi" Netanyahu）。博尔顿是美国前国家安全顾问约翰·博尔顿（John Bolton）。本·扎耶德是阿联酋首任总统扎耶德第三子、前任总统哈利法之弟，2022年，当选为阿联酋总统。——译者注

英国人和直布罗陀当局在直布罗陀海峡的所作所为违反了国际法,是海盗行为。

我们只是执行了国际法关于安全通行的规定。那艘英国船只关闭信号灯的时间超过了规定的时间;当时它的航道也有问题;它的行为危及我们负责的霍尔木兹海峡的航运和航行安全。

我们在波斯湾拥有 1500 英里(约 2400 公里)的海岸线。我们对波斯湾的安全和航行自由负责。那是我们的生命线。

对于英国来说,不参与执行"B 团队"的活动才是良策。

"B 团队"在美国节节败退,现在又把注意力转向了英国。

我想,在美国失败的政策也会在英国失败。

《灰色地带》,2019 年 12 月

泛非和国际各国的团结将打破制裁

全非人民革命党（A-APRP）

最初那些从欧洲来非洲大陆殖民或定居的人没有一个人是带着土地来的。他们来这里，抢占了非洲本地人的土地。因此，非洲人收回土地不仅合乎逻辑，而且是正义的。英国殖民者强占了津巴布韦领土，并改名为"罗得西亚"（Rhodesia），纪念种族主义者塞西尔·罗兹（Cecil Rhodes），非洲人为此进行了长期激烈的武装斗争。1980年，夺取国家政权后，非洲人将国家改名为津巴布韦。此后20年，英雄罗伯特·穆加贝（Robert Mugabe）领导的津巴布韦政府受到西方广泛赞誉。然而，2000年，津巴布韦政府开始一项土地改革计划时，这一切都发生了变化，因为改革计划需要收回被欧洲定居者占领的土地。该计划使数十万津巴布韦公民获得了土地，同时还创办了用于商业开发的大型农场。然而，穆加贝立即被错误地贴上了"残暴的恐怖分子和反白人独裁者"的标签。英国就像一吨砖头一样压在这个国家身上。2001年，美国介入，推出《津巴布韦民主和经济复苏法案》（Zimbabwe Democracy and Economic Recovery Act，ZIDERA）以及随后的一系列总统令，对津巴布韦实施制裁。

制裁几乎使津巴布韦的经济陷入瘫痪，给各阶层民众带来巨大困难。帝国主义者利用这些困难煽动政治冲突，并通过骚扰行为和散布虚假信息破坏国家稳定。这些状况持续了很多年。津巴布韦民众表现出了极大的力量和忍耐，虽然美国和欧盟的持续制裁带来了巨大的痛苦和生命损失，但该国2017年到2019年的玉米和烟草产量仍创了历史新高。

津巴布韦的土地改革是非洲反帝国主义斗争发展具有里程碑意义的一步。他们的成就为世界各地坚定声援津巴布韦人民的革命力量所瞩目。这些力量包括：阿扎尼亚泛非主义大会、阿扎尼亚人民组织、阿扎尼亚社会主义人民组织、"12·12"运动、津巴布韦－古巴团结组织（美国）、朝鲜、中国、古巴，当然还有全非人民革命党（All-African People's Revolutionary Party, A-APRP）。

2019年8月19日，南部非洲发展共同体（Southern African Development Community，SADC）16个成员国宣布10月25日为"解除对津巴布韦非法制裁的团结日"。从历史上看，这种泛非和全球革命力量的团结为非洲在整个非洲大陆武装反殖民的胜利创造了条件。尽管古巴自己也受到帝国主义的禁运制裁，但该国在反殖民时期的对外物资援助和65000多名部队官兵表现出了坚定不移的国际主义团结。非洲统一组织（Organization of African Unity，OAU）内部为了援助整个非洲大陆的解放力量而成立非洲解放支持委员会这一举动，也表现出了国际团结精神。

全非人民革命党认为，必须迫切地与泛非革命同志合作，建立全非政治协调委员会（All-African Committee for Political Coordination），这将有助于整个非洲采取联合行动，反对包括西方帝国主义在内的所有帝国主义对非洲和非洲人民一切形式的攻击。

古巴的团结和民众的力量

自1960年以来，古巴一直处于禁运状态，从1962年以来一直处于全面被封锁状态。美国不仅禁止美国公司与古巴企业进行贸易往来，还惩罚与古巴进行贸易的其他国家。古巴是如何熬过美帝国主义封锁的？答案是自力更生和国内外的团结一心。1960年，古巴社会主义政府成立了两个重要组织——保卫革命委员会（Committees for Defense of the Revolution，CDRs）和古巴之友会（Cuban Institute for Friendship with the People，ICAP）。2010年，保卫革命委员会下属各个组织拥有840万名会员。古巴之友会已与152个国家的2045个古巴团结组织建立了联系。

1991年苏联解体后，古巴失去了大部分贸易伙伴。贸易封锁给古巴带来了严重后果。古巴人民齐心协力，在那段艰难的岁月里，古巴社会主义制度从来没有中断过民众的免费医疗和教育。民众、古巴共产党及其朋友和盟友共同应对危机。他们到处种植农作物——在门廊、花坛、停车场和整个乡村。

他们还得到了国际社会的支持。社区组织宗教共同基金会和平牧师项目（IFCO Pastors for Peace）挑战美国封锁，经由墨西哥向古巴运送物资。IFCO每年都会与古巴团结组织必胜联合会（Venceremos Brigade）和非洲觉醒协会（African Awareness Association）协调，团结一致应对古巴面临的挑战。全非人民革命党（A-APRP）在全球范围内声援古巴。在美国，全非人民革命党的分支机构与古巴国家网络（National Network on Cuba）并肩合作。古巴国家网络由美国境内超过35个声援组织组成，宗旨是挑战美国对古巴的封锁。

1996年爆发的委内瑞拉革命促使委内瑞拉与古巴紧密团结在一起，成为美洲人民玻利瓦尔联盟（Bolivarian Alliance for the Peoples of Our America，ALBA）的核心，最终建立了拉丁美洲及加勒比国家共同体（Community of Latin American and Caribbean States，CELAC）。

委内瑞拉的支持

委内瑞拉通过成立加勒比石油公司（PetroCaribe）来表达它对古巴的支持。这家石油公司帮助古巴、牙买加、海地、百慕大、多米尼加和该地区其他国家降低了燃料成本。委内瑞拉甚至向纽约和巴尔的摩基础设施欠缺的社区捐赠取暖油。这个国家还资助该地区民众进行白内障手术。

委内瑞拉统一社会主义党（United Socialist Party of Venezuela，PSUV）实现了委内瑞拉广大工人、土著和非洲人后裔之间的团结。首先，他们将80%的石油收入用于改善民众的教育、医疗保健和住房；其次，他们资助工人阶级的子弟上大学。他们还领导了一场针对广大民众的政治知识宣传运动。后来，他们修改宪法，将更多权力交到人民手中。

自2002年那场不得人心的政变失败以来，帝国主义一直在破坏委内瑞拉经济，企图打击委内瑞拉革命。美国对委内瑞拉总统尼古拉斯·马杜罗（Nicolas Maduro）2018年连任提出异议，支持自封总统的胡安·瓜伊多（Juan Guaido）。依托大多数成员的支持，美洲国家组织（Organization of American States，OAS）以及欧盟（EU）、加勒比共同体（Caribbean Community，CARICOM）和美洲人民玻利瓦尔联盟（ALBA）的许多成员国都坚定地站在马杜罗总统一边。美国在联合国提出的入侵方案和干涉选举的决议流产了。

特朗普政府强化了奥巴马政府发起的制裁，宣布委内瑞拉是"安全威胁"。现任美国政府冻结了委内瑞拉以及委内瑞拉统一社会主义党（PSUV）成员的石油资产。与古巴的情况一样，禁运已升级成为经济封锁，不仅美国公司不得与委内瑞拉做生意，就连与委内瑞拉做生意的其他国家也要受到制裁。委内瑞拉的土著和非洲裔群体从革命中受益最多，他们大力支持委内瑞拉统一社会主义党（PSUV）。该执政党上台后，极端贫困率减少了70%，政府建造了超过250万套住房。

全非人民革命党、统一社会主义党和委内瑞拉人民站在一起

这三个国家和许多其他国家都处于反帝斗争的前线。我们必须全力支持和声援他们。全非人民革命党呼吁世界各地所有非洲人加入战斗。

《胡德共产主义者》（*Hood Communist*），2020年7月

美国实施的经济制裁：大抢劫

[美]劳伦·史密斯（Lauren Smith）

  自 2008 年经济大衰退开始以来，美国越来越依赖单边经济制裁来实现其针对国外对手的政策目标。目前，制裁影响了约 40 个国家的全球三分之一人口。经济制裁不但阻止受制裁国商品进入美国主导的市场，影响其创造财富、稳定货币、稳定物价、为民众提供关键服务和资源，进而给该国生命财产带来难以估量的破坏。经济制裁还借助冻结和扣押他国资产来合理化、掩盖不齿的掠夺行为。制裁掠夺他国财产的速度，只有先前的军事侵略和占领可与之相提并论。

  随着经济制裁的理由变得越来越含糊和自相矛盾，越来越多的美国政府实体通过一系列法案、行政命令和法律获得了制裁实施权——这使得经济制裁的走向和分析至少变得异常复杂——不仅弄清楚经济制裁的受害者，而且弄清楚经济制裁的胜利者，变得越来越重要。此外，还要必须弄清楚的是，经济制裁如何利用回购市场支撑无法维持的金融"纸牌屋"，以及在通过选择性批准制裁豁免/许可，利用催生垄断资本主义来扶持陷入困境的美国大企业方面，制裁是否必不可少。

同样重要的是，这种大规模的持续扶持对美国企业或美国工人阶层并没有好处，因为利润被榨取和集中到了寡头手中，无法有效地再投资到国家或全球经济中。实施制裁后，美国国内的进口商品和原材料价格上涨，一度繁荣的出口市场也丧失了。从整体上看，美国的经济制裁只能被理解为一场街头骗局，它导致的是大规模"抢劫"。

受害者和得利者

经济制裁的受害者很容易识别，因为他们是肉眼可见的——先前繁荣的社区出现了死尸和营养不良的儿童。他们是没有充分就业的群体和工人阶级，主要是有色人种。

得利者却不露声色。他们通过控股隐藏在银行、使用杠杆的金融机构（对冲基金）和大型企业里。[1]他们是资产阶级，是白人。在这种背景下，经济制裁被表现为阶层和种族之间的战争，被巧妙地伪装成一种"促使世界善待民主"的"更友好"的方式。

制裁的影响

实施经济制裁，就像不宣而战，给许多国家造成了严重的经济混乱和恶性通货膨胀——委内瑞拉[2]、伊拉克[3]、伊朗[4]和古巴[5]经历的严重经济动荡可以生动地诠释这些影响。古巴2019年的报告[6]说，近6年来，美国的经济封锁让古巴损失了9226亿美元（根据通货膨胀调整后的数字）。

此外，经济制裁让受制裁国无法获得关键工业输入品[8]（如燃料、原材料和零备件）[9]，严重影响重要基础设施（即电网、水处理和分配设施[7]、交通枢纽和通信网络）的正常运行，导致受制裁国出现干旱、饥荒、疾病和赤贫，酿成数百万人死亡。

总体而言，经济制裁让医院和医疗机构[10]无法获得启动救生程序、操作机械设备所需的基本物资。此外，经济制裁破坏了尼加拉瓜[11]、委内瑞拉[12]、古巴[13]和津巴布韦[14]等国家改善健康、营养和教育的社会进步计划。在这种背景下，经济制裁的受害者不是随时可以出门旅行、买得起昂贵商品的上层白人精英，而是贫困的本地有色人种。由于殖民主义时代和先前美国扶植的傀儡政权遗留下来的落后现状，这些本地土著钱财或资源都很有限。

制裁的扩大

美国财政部外国资产控制办公室（OFAC）的"特别指定国民和被封锁人员名单"（"SDN 名单"[15]）上约有 6300 个实体和个人。由于这些实体可能散布在全球任何地方，因此受到间接制裁的国家数量比上面列出的还要多。特别是如果制裁目标在政府或关键行业中担任领导职务的话。"特别指定国民"（Specially Desigated Nationals，SDN）拥有的实体（直接或间接拥有 50%或以上的股权）也会被禁止，无论该实体是否单独列在 SDN 名单中。

域外制裁也在激增。域外制裁适用于未受制裁国家的人。例如，虽然2012 年"马格尼茨基法案"（Magnitsky Act）最初是针对俄罗斯的，但后来经过调整，适用于所有被认为对"侵犯人权"或"腐败"负有责任或参与共谋的外国人。跟随美国的准非政府组织和协会，如"美国国家民主基金会"（National Endowment for Democracy，NED）[16]、美洲国家组织（OAS）[17]、"大赦国际"（Amnesty International）[18]、"人权观察组织"（Human Rights Watch）[19]和宗教组织[20]等，因为行为毫无底线而臭名昭著。一方面，它们因配合华盛顿的政权颠覆活动，收集和传播有关某些外国领导人毫无根据的丑闻而臭名昭著；另一方面，它们对军事独裁政权和政变公然侵犯人权的行为置若罔闻，因为这些独裁政权和政变能够让美国肆无忌惮地攫取他国自然资源。

冻结和扣押资产的事例

俄罗斯外交部长谢尔盖·拉夫罗夫（Sergey Lavrov）称，美国公然以制裁为幌子冻结了委内瑞拉的资金，[21]并指出美国在操弄此类勾当方面经验丰富，他举出了伊拉克、利比亚、伊朗、古巴、尼加拉瓜和巴拿马的例子。如下所述，经济制裁涉及大量资产。请注意，"冻结"资产的概念仅适用于受制裁实体。资金的冻结由银行和对冲基金操作。下面的例子仅做简要举例之用，无法做到详尽无遗，因为公开的政府报告几乎不可能找到有关被冻结外国资产的信息。美国财政部外国资产控制办公室发布的《恐怖主义资产报告》（Terrorist Asset Report）是个例外。该报告显示，2018 年，伊朗、叙利亚和朝鲜总共有 2.16 亿美元[22]被美国财政部外国资产控制办公室冻结。新闻媒体上列出的被冻结资产信息要么年代久远，要么不全面。

委内瑞拉：2019 年 8 月，委内瑞拉外交部长豪尔赫·阿雷阿萨（Jorge Arreaza）表示，美国的制裁让委内瑞拉在全球金融体系中超过 30 亿美元[23]的资产被冻结。此外，英格兰银行拒绝委内瑞拉动用他们储存在英国的价值 12 亿美元的外汇黄金储备。据估计，委内瑞拉拥有超过 80 亿美元[24]的外汇储备。此外，美国还冻结了委内瑞拉国有石油公司 PDVSA 在美国的所有资产。虽然它允许 PDVSA 的美国子公司 Citgo 继续运营，但没收了该公司赚取的资金，并将其存入被冻结的账户。

伊朗：许多人仍然想知道被冻结的 1000 亿—1200 亿美元的伊朗资产[25]到底发生了什么。据报道，2015 年，这些资产存在世界各地的银行和机构里。为了让读者大致了解这笔资金的未来价值，这里仅考虑利息，而不考虑将这笔资金投资到伊朗经济活动产生的机遇成本，也不考虑通胀，伊朗国王被推翻时被冻结的 4 亿美元伊朗资产理论上可以产生 100 亿美元的利息（20 世纪 70 年代的利率很高）。[26]

伊拉克：2003 年，美国总统布什签署命令，接管 1990 年海湾战争前被冻结的伊拉克政府资产。结果，美国财政部要求全球 17 家最大的金融机构交出被冻结的 17 亿美元[27]伊拉克资产。美国政府打算将这些资金存入纽约联邦储备银行（Federal Reserve Bank of New York，NY Fed）的账户。

科威特：1990 年，美国总统布什冻结了伊拉克和科威特在美国的 300 亿美元[28]资产，阻止科威特政府获得价值近 1000 亿美元的外国石油美元投资。

利比亚：2015 年，据称利比亚资产自 2011 年以来仍有 670 亿美元[29]被冻结。2018 年，利比亚被冻结资产已减少至 340 亿美元。联合国利比亚专家小组正在"寻找答案"[30]，想弄清楚 330 亿美元被冻结资产不翼而飞的原因。

纽约联邦储备银行

要挖掘美国经济制裁的受益者，就必须追踪资金的去向。在这里，线索指向纽约联邦储备银行（以下简称"纽约联储"）[31]。根据 2015 年纽约联储的推广材料，纽约联储是美国政府用来管理大约 250 个外国政府账户的银行[32]。公众无法获得这些国家及其账户价值的具体信息。这不是美联储的疏忽。目前，法律甚至禁止美国审计总署（U.S. Government Accountability Office，U.S. GAO）审计美联储为外国央行、外国政府和私人国际金融组织进行的审计活动或与它们进行的交易。为了纠正这个问题，2019 年，美国审计总署通过了《S.148：2019 年联邦储备透明度法案》（S.148: Federal Reserve Transparency Act of 2019）[33]。

外国政府利用纽约联储来接收和支付美元，用于投资和持有以美元计价的债务证券，在外汇市场上执行非美元货币的买卖交易。纽约联储外国官方账户中的大部分资产都是可流通的美国政府证券和政府创办的金融企业（联邦机构）的证券。纽约联储是联邦储备系统的一部分。美联储由 12 家银行组成，由理事会管理[34]，直接对国会负责。

在此背景下，纽约联储充当非法黑市渠道，将目标国家和实体的财富通过回购市场源源不断地转移到精心选定的美国银行和对冲基金的金库。回购市场成为日均处理 1 万亿美元的信贷机器。本质上，这些资产（包括非法占有的外国资金）最终以无风险低息贷款的形式提供给"交易商"[35]，成为抵消财政部发行的大量债务工具的权宜之计。随着联邦赤字不断增长突破 1 万亿美元，消费者债务超过 14 万亿美元[36]，纽约联储面临着巨大压力，需要通过量化宽松（Quantitative Easing，QE）[37]和回购协议人为地维持中短期贷款的低利率。

虽然纽约联储持有 3.3 万亿美元的外国资产[38]，但是，无论是纽约联储，还是财政部国外资产控制办公室均未标记被扣押和冻结的外国账户（上文详述的恐怖主义资产基金除外）。这种不合情理的"疏忽"使得制裁掠夺来的资产不受美国民选官员、纳税人和媒体记者的审查。

然而，根据纽约联储 2017 年和 2018 年的独立审计师报告，逆回购协议也可以作为其业务的一部分与外国官方账户和国际账户的持有人[39]履行。此外，2020 年 2 月 27 日公布的《美联储统计报告》（Federal Reserve Statistical Release，H.4.1）在"逆回购"一栏中指出，该周逆回购总额为 2210 亿美元[40]，"外国官方和国际账户"加上"其他"一项，相当于"逆回购"金额。为了更好地理解美国经济因纽约联储交易商的暴利而面临的形势有多么不稳定，可以想象一下，他们管理着 200 亿至 300 亿美元的净资产[41]，并通过加杠杆扩大至 2000 亿美元。[42] 2017 年，美国 25 家顶级银行的回购/衍生品风险敞口[43]为 222 万亿美元。[44]要知道这种水平的风险敞口大约相当于美国国内生产总值（GDP）的 12 倍。可以明显看出，美国对回购协议的人为依赖损害了美国的经济，美国在世界上的所有盗窃行为都无法让它避免即将发生的系统性崩溃。

美国财政部重新分配和集中财富的另一种方法是，通过隐秘的程序授予特定公司或个人排他性垄断式制裁豁免/许可，使这些公司和个人受益。通过这种方式，美国可以针对他国境内石油、制药和农业等整个工业领域进行大规模打击，迫使这些国家不得不购买美国一流企业的产品/服务。最后，通过制裁豁免/许可，美国可以通过消灭美国企业的全球竞争对手来奖励支持美国公司的国家。想想美国怎样通过制裁委内瑞拉和伊朗来增加沙特阿拉伯石油工业市场份额的事情吧。[45]由于对伊朗的制裁，沙特阿拉伯超越俄罗斯[46]成为中国最大的石油供应国。

此外，人为的稀缺[47]状态可以在不增加成本的前提下推高价格[48]，铝的情况也是如此。[49]

制裁对美国经济的影响

每年，制裁让美国企业损失数十亿美元的销售额和投资回报，导致成千上万的工人失去工作。[50]今天的出口损失意味着即使制裁解除后出口也会下降，因为美国公司无法为国外企业提供替换零件或相关技术。外国公司还可能从其最终产品中开发出美国的中间产品和技术，因为他们担心这些中间产品或技术有朝一日被美国制裁。

然而，这些代价经常被忽视或低估，因为这些代价根本没有被纳入美国政府的预算表。

在此背景下，经济制裁的频繁使用成为揭示美国经济健康状况不佳的指标之一，因为靠经济制裁掠夺他国，而不是靠提升自己的生产力，有助于遏制即将到来的"回购危机"（Repo Crisis）①。[51]有充分证据表明，自2008年国际金融危机以来，[52]资本主义制度正处于垂死挣扎状态。

经济制裁的实施依据

一方面，单边强制性经济制裁是美国对抵制其指令、"新自由主义"政策和政权更迭努力的国家、团体、实体和个人实施的交易性限制；另一方面，美国政府向容易上当受骗的民众推销经济制裁，说经济制裁是打击大规模杀伤性武器、恐怖主义、洗钱、毒品、武器和贩卖人口等非法活动蔓延的好办

---

① 回购市场是金融机构之间进行短期借贷的市场。在这个市场中，一方（如银行）将某些金融资产（如国债）抵押给另一方，以换取现金，并在之后按约定时间、价格买回这些资产。在这个市场中，一旦出现流动性下降、准备金不足等问题，就可能引发连锁反应，导致市场恐慌情绪蔓延，进而影响整个金融体系的稳定性。——译者注

法，因为它手法"高超"，"更平和"。然而，甚至连那些乖乖听命于华盛顿的新闻媒体都无法编造和维持这些谎言，[53]因为美国政府在这些非法活动背后带有犯罪性质的指使行为经常被曝光。[54]

美国政府还狡猾地推销经济制裁，这是他们推进其似是而非的"人道主义"和"民主"日程的手段。他们把实施制裁的条件降低了很多，其标准更加主观、更容易伪造。他们还允许美国肆无忌惮地实施经济制裁，戕害其信誓旦旦要保护的那些国家中最弱势的民众。

以尼加拉瓜为例。这是一个只有纽约州那么大的和平小国，与美国这个超级大国没有边界。这里没有大规模杀伤性武器，没有人口贩卖活动（不像其邻国），没有恐怖组织，还受到国际货币基金组织[55]和世界银行[56]2018年报告的高度赞扬。就是这样一个国家，仍被美国称为"威胁美国国家安全和外交政策"。[57]赤裸裸的谎言有力地说明了经济制裁就是一种骗局，纯粹是颠覆他国政权的经济武器。

从理论上讲，制裁潜在的指定目标是由美国国务院反恐局（Bureau of Counterterrorism）而非中央情报局确定的，不仅要考虑一个组织是否真的实施了面临某类制裁的恐怖袭击，而且要考虑这个组织是否有"进行此类行为的能力和意图"。因此，一个实体可能会因为美国政府主观臆断的思想犯罪而受到制裁。此外，在关于"恐怖活动"或"恐怖主义"的定义里，"恐怖活动"和"恐怖主义"不仅是美国"国防"的假想威胁，还是美国"外交关系和经济利益"的假想威胁。制裁通常是专门为了破坏中国、俄罗斯等地缘政治敌人的对外贸易而实施的。

次级制裁

不过，摧毁目标国家的不仅是美国的单边制裁，对外国第三方实施的次级制裁才是对其经济和民众的最后一击。如果外国、政府、企业、金融机构和个人违反美国的制裁政策，与受制裁目标进行交易，无论该活动是否直接影响美国，美国都可能实施次级制裁，切断其与美国金融体系的联系。

这迫使全世界所有各方不得不遵守美国的规定，否则将面临经济处罚、刑事指控和制裁的风险。这对世界经济产生了震慑效应，因为即使是盟国发达国家也不愿忤逆华盛顿，而与受制裁国家进行贸易，因为华盛顿内部圈子之外的企业和银行会受到严厉的处罚。目前，任何违反美国单方面制裁的实体都将面临严厉处罚[58]，个人罚款最高可达500万美元，公司罚款最高可达1000万美元，还有最高长达30年的监禁。依托遍布120多个国家[60]的1000多处军事基地和设施[59]，美国的侵略对不听话的行为一直是一个长期的威胁。

结论

当深入分析后，我们会发现，美国经济制裁的大赢家往往是埃克森美孚、摩根大通银行[61]，伊朗[62]、伊拉克[63]和委内瑞拉[64]就是典型的例子。

幸运的是，美国的经济制裁也埋下了自毁的种子，因为它会以美元为代价导致外汇储备货币的扩张[65]，并逐步淘汰国际资金清算系统（SWIFT）[66]，被诸如俄罗斯金融信息传输系统（SPFS）的他国结算系统取而代之。[67]

鉴于数百万人的生命正在受到威胁，受到次级制裁的国家、企业、工人和民选官员必须与受初级制裁的国家、和平活动人士[68]携手合作，终结经济制裁。同时，必须阻止寡头集团赤裸裸地窃取世界财富。

《每月评论在线》（*MR Online*），2020年3月

尾注：

[1] Global Research: The Federal Reserve Cartel: The Eight Families, https:// www.globalresearch.ca/thefederalreservecarteltheeightfamilies/25080.

[2] MR Online: Economic Sanctions as Collective Punishment: The Case of Venezuela, https://mronline.org/wpcontent/uploads/2020/03/venezuelasanctions2019041.pdf.

〔3〕World Finance:The impact of economic sanctions, https://www.worldfinance.com/specialreports/theimpactofeconomicsanctions.

〔4〕Trading Economics: Iran Inflation Rate, https://tradingeconomics.com/iran/inflationcpi.

〔5〕People's World: For 28th consecutive year, Cuba prepares to indict U.S. blockade at United Nations, https://www.peoplesworld.org/article/for28thconsecutiveyearcubaindictsusblockadeatunitednations/.

〔6〕MR Online: Cuba vs Bloqueo, https://mronline.org/wpcontent/uploads/2020/03/ Cuba20vs20Bloqueo.pdf.

〔7〕Relief Web: Water under siege in Iraq: US/UK military forces risk committing war crimes by depriving civilians of safe water, https://reliefweb.int/report/iraq/waterunder-siegeiraqusukmilitaryforcesriskcommittingwarcrimesdepriving.

〔8〕CETIM: The effects of the US embargo against Cuba and the reasons of the urgent need to lift it, https://www.cetim.ch/theeffectsoftheusembargoagainstcubaandthereasonsoftheurgentneedtoliftit/.

〔9〕LATimes: For many Syrians, "smart" sanctions are anything but, https://www.latimes.com/world/lafgsyriasanctions20181212story.html.

〔10〕AP: Iranians say US sanctions blocking access to needed medicine, https:// apnews.com/article/economyhealthdonaldtrumpfinancialmarketsglobaltrade-23327f44786845dbbecee530664ee5a6.

〔11〕TeleSUR: Nicaragua's Success Threatens US Stranglehold On Latin America, https:// www.telesurenglish.net/opinion/NicaraguasSuccessThreatensUSStrangleholdon-LatinAmerica201809140011.html.

〔12〕TeleSUR:Venezuela: Social Program Meets Goal, Delivers 3 Million Homes, https://www.telesurenglish.net/news/VenezuelaSocialProgramMeetsGoalDelivers3MillionHomes201912270001.html.

〔13〕The Conversation: Is the Cuban healthcare system really as great as people claim, https://theconversation.com/isthecubanhealthcaresystemreallyasgreat aspeopleclaim69526.

〔14〕Socialist Worker: Zimbabwe's struggle against imperialism, https://socialistworker.co.uk/features/zimbabwesstruggleagainstimperialism/.

〔15〕US Treasury: SDN list by County, https://www.treasury.gov/ofac/downloads/ctrylst.txt.

〔16〕Telesur: National Endowment for Destabilization? CIA Funds for Latin America in 2018, https://www.telesurenglish.net/analysis/NationalEndowmentforDestabilizationCIAFundsforLatinAmericain2018201904030042.html.

〔17〕Common Dreams: The OAS Lied to the Public About the Bolivian Election and Coup, https://www.commondreams.org/views/2019/11/19/oasliedpublicaboutbolivian-electionandcoup.

〔18〕Nicanotes: New "Lies, Damned Lies, and Statistics" about Nicaragua from Human Rights NGOs, https://afgj.org/liesaboutnicaraguaamnestyinternationalglobalwitness.

〔19〕The Grayzone: Human Rights Watch, https://thegrayzone.com/tag/humanrightswatch/.

〔20〕Tortilla con Sal: Nicaragua: Imperial snakes in holy vestments, https://tortillaconsal.com/tortilla/node/3169.

〔21〕RT: "Cynical" US sanctions meant to confiscate Venezuela's assets – Lavrov, https://www.rt.com/news/450057cynicalsanctionsuslavrovvenezuela/.

〔22〕MR Online: Terrorist Assets Report, 2018, https://mronline.org/wpcontent/uploads/2020/03/tar2018.pdf.

〔23〕Agencia EFE: Venezuela says more than $3 bn frozen due to sanctions, https://www.efe.com/efe/english/business/venezuelasaysmorethan3bnfrozenduetosanctions/500002653462028.

〔24〕RT: Bank of England refused to return $1.2 bn in gold to Venezuela – reports, https://www.rt.com/news/449833venezuelagoldbankengland/.

〔25〕AperioIntelligence.com (now behind a paywall).

〔26〕Time: Why the U.S. Owed Iran That $400 Million, https://time.com/4441046/400millioniranhostagehistory/.

〔27〕CNN Money: Feds order Iraqi asset transfer, https://money.cnn.com/2003/03/21/news/frozen_assets/.

〔28〕NYT: The Iraqi Invasion; Bush, in Freezing Assets, Bars $30 Billion to Hussein, https://www.nytimes.com/1990/08/03/world/theiraqiinvasionbushinfreezingassetsbars30billiontohussein.html.

〔29〕Reuters: Libya's $67 billion frozen funds must remain on ice says wouldbe investment chief, https://www.reuters.com/article/libyainvestment/libyas67billionfrozenfundsmustremainonicesayswouldbeinvestmentchiefidUSL5N0ZX22820150717.

〔30〕LibyaHerald: UN Libya Experts Panel seeking to establish the true value of Libya's frozen assets, https://www.libyaherald.com/2018/03/unlibyaexpertspanelseekingtoestablishthetruevalueoflibyasfrozenassets/.

〔31〕Federal Reserve Statistical Release, https://www.federalreserve.gov/releases/h41/current/h41.htm.

〔32〕Reuters: Special Report: How the Federal Reserve serves U.S. foreign intelligence, https://www.reuters.com/article/usfedaccountsintelligencespecialrepo/specialreporthowthefederalreserveservesusforeignintelligenceidUSKBN19H198.

〔33〕Congress.gov: S.148-Federal Reserve Transparency Act of 2019, https://www.congress.gov/bill/116thcongress/senatebill/148/allactions?q=%7B%22search%22:%5B%22s148%22%5D%7D&r=1&overview=closed&s=6&KWICView=false.

〔34〕Board of Governors of the Federal Reserve System, https://www.federalreserve.gov/aboutthefed/bios/board/powell.htm.

〔35〕FRBNY: Primary Dealers, https://www.newyorkfed.org/markets/primarydealers.

〔36〕Global Research: Global Economy: Is the "Mother of all Bubbles" About to Pop? QE on Steroids, https://www.globalresearch.ca/motherallbubblesaboutpop/5694768.

〔37〕MSG: Quantitative Easing and Interest Rates, https://www.managementstudyguide. com/quantitativeeasingandinterestrates.htm.

〔38〕Reuters Special Report: How the Federal Reserve serves U.S. foreign intelligence, https://www.reuters.com/article/usfedaccountsintelligencespecialrepo/specialreporthowthefederalreserveservesusforeignintelligenceidUSKBN19H198.

〔39〕MR Online: FRBNY Independent Audit Report, 2017, 2018, https://mronline.org/wpcontent/uploads/2020/03/FinancialStatements.pdf.

〔40〕Federal Reserve Statistical Release: https://www.federalreserve.gov/releases/h41/current/.

〔41〕Ibid.

〔42〕Zero Hedge: "The Fed Was Suddenly Facing Multiple LTCMs": BIS Offers A Stunning Explanation Of What Really Happened On Repocalypse Day, https://www.zerohedge.com/markets/fedwassuddenlyfacingmultipleltcmsbisoffersstunningexplanationwhatreallyhappened.

〔43〕Zero Hedge: Financial Weapons Of Mass Destruction: Top 25 US Banks Have 222 Trillion Dollars Derivatives Exposure, https://www.zerohedge.com/news/20170516/financialweaponsmassdestructiontop25usbankshave222trilliondollarsderivat.

〔44〕SSRN: Is a Repo a Derivative, https://papers.ssrn.com/sol3/papers.cfm?abstract_id=2014723.

〔45〕TeleSUR: The Spoils of Economic War: How the US, Saudis Profit From Sanctions on Venezuela and Iran, https://www.telesurenglish.net/analysis/TheSpoilsfromBlockadingOilHowtheUSProfitsFromSanctionsonVenezuelaandIran201906060016.html.

〔46〕Reuters: China's Iran oil imports plunge as U.S. Sanctions bite, https://

www.reuters.com/article/uschinaeconomytradecrude/chinasiranoilimportsplungeasussanctionsbiteidUSKCN1UM0CB.

〔47〕Oil prices expected to spike in summer as US toughens stance on Iran sanctions, https://www.theguardian.com/business/2019/apr/25/oilpricessummerusiransanctions.

〔48〕Oil Price Net: Sanctions and Oil Prices, https://www.oilprice.net/en/articles/ sanctionsandoilprices.php.

〔49〕Financial Times: Aluminium rallies as US sanctions upend market, https://www.ft.com/content/a6f637d63bde11e8b9f9de94fa33a81e.

〔50〕Brookings: Sanctions, Too Much of a Bad Thing, https://www.brookings.edu/research/economicsanctionstoomuchofabadthing/.

〔51〕Truthdig: The Fed Protects Gamblers at the Expense of the Economy, https://www.truthdig.com/articles/thefedslatestgambleimperilsthewholeeconomy/.

〔52〕Federal Reserve History: The Great Recession, https://www.federalreservehistory.org/essays/greatrecessionof200709.

〔53〕Grayzone: NY Times admits it sends some stories to US government for approval before publication, https://thegrayzone.com/2019/06/24/newyorktimesmediausgovernmentapproval/.

〔54〕MintPress News: Hidden in Plain Sight: The Shocking Origins of the Jeffrey Epstein Case, https://mintpressnews.cn/shockingoriginsjeffreyepsteinblackmailroycohn/260621/.

〔55〕IMF: Nicaragua Staff Mission Concluding Statement, https://www.imf.org/en/News/Articles/2018/02/06/ms020618nicaraguastaffconcludingstatementofanimfstaffvisit.

〔56〕World Bank: Nicaragua, https://www.worldbank.org/en/country/nicaragua.

〔57〕File No Longer Posted, https://www.whitehouse.gov/briefingsstatements/textnoticecontinuationnationalemergencyrespectsituationnicaragua/.

〔58〕MR Online: OFAC Regulations for the Financial Community, https://mronline.org/wpcontent/uploads/2020/03/facbk.pdf.

〔59〕TheNation: The US Has Military Bases in 80 Countries. All of Them Must Close, https://www.thenation.com/article/archive/theushasmilitarybasesin172 countriesallofthemmustclose/.

〔60〕Sourcewatch: U.S. Military Bases Overseas, https://www.sourcewatch.org/index.php/ U.S._military_bases_overseas.

〔61〕Global Research: The Federal Reserve Cartel: The Eight Families, https:// www.globalresearch.ca/thefederalreservecarteltheeightfamilies/25080.

〔62〕DailyBeast: Tillerson's Exxon Mobil worked with Iran, https://www.thedailybeast.com/ cheats/2017/01/09/tillersonsexxonmobilworkedwithiran.

〔63〕Reuters: Exclusive: Exxon's $53 billion Iraq deal hit by contract snags, Iran tensions– sources, https://www.reuters.com/article/ususairaniraqoilexclusive/ exclusiveexxons53billioniraqdealhitbycontractsnagsirantensionssourcesidUSKCN1 TM0IZ.

〔64〕Canadian Dimension: Chronology of the 4th Generation War Against Venezuela, https://canadiandimension.com/blog/view/chronologyofthe4thgeneratio nwaragainstvenezuela.

〔65〕Reuters: U.S. dollar share of global currency reserves at lowest since 2013: IMF data, https://www.reuters.com/article/usforexreserves/usdollarshareofgl obalcurrencyreservesatlowestsince2013imfdataidUSKBN1WF1IO.

〔66〕Swift Homepage, https://www.swift.com/.

〔67〕RT: Russian banks join Chinese alternative to SWIFT payment system, https://www.rt.com/business/455121russianbankschineseswift/.

〔68〕Sanctions Kill, https://sanctionskill.org.

国际主义的重新定义：经济制裁分析

［美］埃里卡·凯恩斯（Erica Caines）

正如10月份文章《美国左派的失败》（Failures of the US Left）中所指出的，"'美国左派'大都应该理解的是，法西斯主义和资本主义依赖和支持帝国主义——想尽各种办法利用我们所说的欠发达国家的廉价劳动力。这样做，只有西方国家中最有特权的少数人受益"。在2021年的非洲解放日在线直播中，人们围绕帝国主义对津巴布韦、古巴、委内瑞拉等主权国家的制裁展开讨论，反复提及"革命社会主义者不可能是反帝国主义者"的论点，给《美国左派的失败》那篇文章的观点找到了例证。

我们要怎样深入理解反对帝国主义，不仅从社会主义方面，而且从非洲裔美国人所面临的广泛的物质困境方面，才能正确认识反对帝国主义与所有非洲裔美国人、被殖民民众的关系呢？当然，要通过国际主义，摒弃战争社会化思维，摒弃美国人狭隘的爱国主义。

美国非洲裔贫困工人阶级社区存在的悲惨状况——这是"白人至上"主义的资本主义—帝国主义体系下有意识地系统性忽视的结果——使贫困的非洲裔美国人和其他被殖民民众无法过上富足的生活。我们被系统性地非人化了。在这种恶劣条件下长大的美国非洲裔儿童,成为将来参军入伍的主要群体。非洲裔儿童和其他被殖民儿童已经被社会化,陷入了一种虚假选择的谬误,即认为入伍是摆脱困境的机会,然而情况并非如此,参军会造成其他被殖民者的困难甚至死亡。如果非洲裔美国人因缺乏足够的医疗保健而遭受困难,那么,参军可以解决这个问题。如果工人阶层的贫困状况在经济上限制了非洲裔美国人接受高等教育,那么军队提供了另一条途径。在住房危机导致全国范围内很多人流离失所时,军人还能保证住房。贫困简直"取代了征兵令",但这在很大程度上是因为电子游戏、主流媒体、殖民教育在日常生活中将战争正常化造成的。造成战争正常化的另一个因素是在奥巴马时期,当时,只要政府用非洲裔面孔来代表美国,美国的非洲裔群体就会爱国心爆棚。

我们偶尔会听到反对战争的声音,但听到反对帝国主义经济制裁的声音不多。与战争类似,制裁同样具有破坏性和致命性。经济制裁是针对特定国家的一种扼杀经济(帝国主义的工具)的战争策略——没错,即使是当下新冠疫情肆虐全球期间。如果这个定义看起来与美国对国内非洲裔社区采取的措施非常相似,那么这也毫不奇怪。美国的非洲裔社区不是政府针对的目标吗?美国的非洲裔社区不也在经济上被扼杀吗?美国的非洲裔民众不是发现自己被迫离开他们称之为家的地方吗?如果美国的经济制裁本质上是通过集体惩罚来实施屈从战略的一部分,那么受制裁的国家与处于这个"野兽"腹中的非洲裔群体的物质现实有何不同?

经济制裁对美国非洲裔儿童和其他殖民地儿童的影响更加证明了这一点。

1993 年,题为《海地的制裁:人道主义行动中的危机》(Sanctions in Haiti: Crisis in Humanitarion Action)的研究报告说,尽管国际社会的注意力主要集中在海地的杀戮和政治恐怖主义上,"对人道的漠视(Humanitarian Neglect)造成的无声悲剧酿成的人员伤亡远远大于暴力或人权侵犯行为造成的人员伤亡"。据报道,海地每月有近 3000 名 5 岁及以下儿童死亡。根据这份报告,这个数字每月增加约 1000 名儿童。海地人口约 700 万,约有 100 万 5 岁以下儿童。制裁直接导致海地儿童出现多达 10 万例中度至重度营养不良的新病例。

美国对海地的持续压迫通过美国对委内瑞拉的制裁得以体现，这使得海地无法偿还加勒比石油组织（PetroCaribe）的贷款。当然，这导致了新冠疫情暴发前海地的骚乱。[1]

然而，在疫情期间，我们并没有看到这种紧张局势或可怕的事态得到缓解，相反，形势进一步恶化。

最近在委内瑞拉，非洲裔委内瑞拉人阻止了美国耗资数百万美元组织的雇佣军入侵活动[2]，该入侵旨在推翻民选总统尼古拉斯·马杜罗（Nicolas Maduro）。委内瑞拉人的顽强抵抗招致了美国变本加厉的制裁。自2017年以来，制裁致使多达40000名委内瑞拉人死亡。[3]制裁让儿童无法获得医疗救治和食物，造成了严重的后果。然而，美国主流媒体却操纵舆论、混淆是非，暗示这是马杜罗"暴政"统治的结果。

向非洲裔美国人介绍非洲裔美国人的情况时，就存在着这种扭曲真相的现象。经济制裁不应该仅被理解为其他殖民地国家所面临的后果，我们需要明白，我们是美国本土的被殖民者，再者，国内帝国主义和全球帝国主义是一个问题的两个方面。这一主要矛盾体现于当今非洲裔美国贫困工人阶层所遭受的系统性压迫。当然，它表现为经济制裁，也称为"福利制裁"（Welfare Sanctions）。

在这里，福利制度是一个压迫性的政治策略，本质上就是监视、调节和惩罚被殖民的贫困家庭，进而延伸到被殖民地的儿童。目前，不强制要求工作的家庭越来越少，而更多的家庭因违反规定而受到处罚，并根据联邦法规失去全部现金救济，其中包括食品券或医疗补助福利。这显然影响了这些贫困家庭的基本生活，影响了（大多数单亲）家庭的日常生活水平。这与美国（及其盟友和走狗）通过美/西方帝国主义对殖民地国家的惩罚没有什么不同。这就像针对海地和委内瑞拉等国家实施的经济制裁，对最脆弱的群体——儿童——的影响最为严重。

重要的是，革命社会主义者要继续建立这些联系，并推动植根于我们祖先的黑人激进传统的国际主义。帝国主义不仅是"资本主义的最高阶段"，而且影响着世界各地的非洲人。

重要的是，我们要组织起来，结束国内外的美帝国主义制裁。

《胡德共产主义者》，2021 年 7 月

尾注：

〔1〕Prospects for the Haitian Revolution, https://hoodcommunist.org/2019/10/10/ prospectsfor-the-haitian-revolution/.

〔2〕Mercenary Confesses Failed Plot Was to Bring President Maduro to US, https:// www.telesurenglish.net/news/Duque-Involved-in-Military-Incursion-PresidentMaduro-Holds-20200506-0013.html.

〔3〕US Sanctions Killed Over 40,000 Venezuelans Since 2017, https://www.telesurenglish.net/news/US-Sanctions-Killed-Over-40000-Venezuelans-Since-2017- 20190425-0015.html.

经济制裁的危害
——发表于《CEPR 制裁观察》

［美］迈克尔·加兰特（Michael Galant）

经济制裁已成为美国外交政策的主要工具之一，尽管几乎没有证据证明其有效性，然而，大量的证据表明，经济制裁经常对平民造成伤害和死亡；而给平民造成的这些影响可能是制裁措施实现其政治目的一个重要部分。当下，尽管制裁及其人力成本已成为全球经济秩序的一个鲜明特征，但大多数美国媒体相对很少关注它。

《CEPR 制裁观察》（*CEPR Sanctions Watch*）旨在通过定期更新美国经济制裁政策及其对世界各国民众生活的破坏作用，提高人们对制裁的认识。

阿富汗

自 2021 年塔利班接管阿富汗政权以来，拜登政府已阻止阿富汗央行动用它存在美国的约 70 亿美元外汇储备，再加上对塔利班官员的制裁和对阿援助的切断，导致阿富汗经济崩溃。

据报道，美国和阿富汗的谈判代表就本月解冻阿富汗央行在美国金融机构存储的 70 亿美元外汇储备的一半进行了富有成效的会谈。持续的磋商是一个令人鼓舞的迹象，但各方距离达成协议还很遥远。美国代表团提出了一种机制，将资产置于第三方信托基金中，让该基金根据跨国董事会的意见酌情支付这笔储备金。然而，据报道，阿富汗政府同意对反洗钱活动进行独立监督，但坚持反对将控制权交给第三方。这一立场是可以理解的。据 CEPR 的安德烈斯·阿劳兹（Andrés Arauz）解释，允许第三方控制甚至切断这笔资金，将损害国际储备作为储备的价值，从而损害央行履行其基本职能的能力。

然而，在达成协议之前，阿富汗经济将继续恶化。据《华尔街日报》报道，除了冻结外汇储备之外，美国的制裁还加剧了局势的恶化："外国公司和银行普遍避免与阿富汗进行交易，因为担心与针对塔利班领导层的国际制裁发生冲突。"

更糟糕的是，本月美国众议院通过的《2023 财年国防授权法案》（National Defense Authorization Act for Fiscal Year 2023）中赫然存在禁止使用五角大楼资源向阿富汗转移援助、货币或其他有价物品的措辞［尽管众议员伊尔汗·奥马尔（Ilhan Omar）在最后一分钟做了很多努力］。如果这种措辞最终保留在法律中，将严重阻碍人道主义救援工作，甚至可能最终阻碍外汇储备的转移。

古巴

美国对古巴的禁运是美国所有制裁政策中历史最悠久、最严格的制裁之一。自 20 世纪 60 年代初以来，美国几乎禁止了古巴所有的涉外贸易、旅行和金融交易。在奥巴马时期短暂放松制裁后，特朗普时期再次收紧制裁——拜登政府尚未完全扭转这一政策。

本月，超过四分之三的众议院民主党人投票支持一项立法，主张减少美国生产商向古巴出口食品的限制。在众议员拉希达·特莱布（Rashida Tlaib）的带头呼吁下，有关住房、交通和城市发展拨款法案的修正案有望暂停关于食品出口的某些限制，因为古巴面临着可能是几十年来最严重的经济危机。然而，尽管得到了美国农民的支持，而且迈阿密近 70% 的古巴裔美国人支持向古巴出售食品，但仍有 55 名民主党人和几乎所有共和党人一起投了反对票，否决了这项措施。

同样在本月，拜登政府宣布对某些古巴官员实行新的签证限制，另外，允许美国航空公司（American Airlines）恢复飞往哈瓦那以外的某些古巴目的地。纽黑文市批准了一项谴责禁运的决议，此前一个月波士顿也通过了类似决议。

随着古巴岛上长达数周的能源危机仍在持续，古巴人在酷热的夏季正面临着大范围的停电。美国的禁运让古巴无法获得维持能源网正常运行所需的部件，在全球能源价格上涨的情况下很难买到燃料，而全球能源价格上涨的部分原因是乌克兰危机和对俄罗斯实施的经济限制。

伊朗

美国在 1979 年人质危机期间开始对伊朗实施制裁，目前禁止美国参与者（以及一些非美国参与者）与伊朗进行几乎任何贸易和金融交易。尽管 2015 年《伊核协议》取消了某些制裁，但自美国退出该协议以来，大多数制裁又重新开启。

重返《伊核协议》仍然处于僵局，放松制裁，缓和美伊关系仍然希望渺茫。据报道，现在的主要症结之一是美国拒绝将伊朗伊斯兰革命卫队（Islamic Revolutionary Guard Corps，IRGC）从其"外国恐怖组织"名单中剔除出去，美国国务卿布林肯承认特朗普时期的政策意义不大："务实地说，这个标签并没有给你带来多少好处。"尽管如此，拜登总统在本月的一次采访中明确表示，他宁愿彻底终止这个协议，也要维持这一标签（在同一次采访中，他拒绝承诺放弃使用武力）。

在艰难的谈判过程中，拜登政府宣布对伊朗、阿拉伯联合酋长国、中国香港和中国内地的个人和公司实施新一轮的初级和次级制裁，理由是这些国家或地区涉嫌为伊朗石油和石油产品的销售提供便利——这在包括美国公民在内的世界大部分地区都深受高油价之痛的时候是对石油出口的打击。伊朗做出了回应，也对数十名前任和现任美国官员实施了制裁，其中包括约翰·博尔顿、迈克·蓬佩奥（Mike Pompeo）以及30名现任国会议员，因为他们涉嫌支持反对派组织。

朝鲜

20世纪50年代朝鲜战争期间，美国首次对朝鲜实施制裁。2006年，朝鲜进行核试验后，美国对其实施了更严厉的制裁，而且制裁力度不断加强。目前，对朝制裁主要针对石油进口，覆盖大部分金融、贸易以及关键的矿产部门。

在《朝鲜停战协定》签署69周年之际，活动人士呼吁和平结束那场（实际上一直在进行的）"朝鲜战争"，朝鲜政府也对美国和韩国之间的挑衅性联合军事演习发出警告。美国官员继续警告说，朝鲜可能正在计划进行第七次核试验，因此局势依然高度紧张。美国财政部长珍妮特·耶伦（Janet Yellen）警告说，如果进行这次试验，美国准备实施新的制裁。

俄罗斯

2014年克里米亚危机后，美国开始对俄罗斯金融、能源和国防部门实施制裁。2022年俄乌冲突，对俄制裁措施大大升级，特别是美国、英国和欧盟实施的制裁。这些制裁禁止了大多数金融交易、石油和天然气进口以及其他活动。

2022年7月，美国及其盟国试图继续从经济上孤立既是一个世界军事强国，同时也是一个电力、石油和天然气的重要供应国的俄罗斯，与其保持适当的紧张关系。英国宣布对俄罗斯官员实施新一轮制裁，欧盟批准了第七个重要制裁方案，其中包括继续禁止购买原产于俄罗斯的黄金等。与此同时，加拿大被迫放弃制裁，以允许运输用以缓解德国天然气短缺所需的设备。本月（7月）晚些时候，俄罗斯宣布将减少对德国的天然气出口，导致德国本已很高的天然气价格继续飙升。［了解更多有关美国对俄罗斯等国家的制裁如何影响全球经济并破坏拜登国内议程，请阅读 CEPR 的凯文·卡什曼（Kevin Cashman）的文章。］

关于这些制裁的影响，各种报道不一而同。一项新发表的报告认为俄罗斯面临被世界"经济遗忘"，其他评估报告则显得更为温和。国际货币基金组织在警告全球经济衰退的同时，上调了俄罗斯的经济预测。至关重要的是，虽然讨论的重点是制裁是否会给俄罗斯经济带来痛苦，但很少有人关注制裁是否真正实现其目标（更不用说这种痛苦如何影响俄罗斯民众和世界各国）。莫斯科卡内基智库（Carnegie Moscow think tank）高级分析师亚历山大·加布耶夫（Alexander Gabuev）表示：俄罗斯"肯定"将面临衰退，但"（制裁政策）是否会改变克里姆林宫的思维，给俄罗斯改变乌克兰政策带来足够的压力？答案是否定的"。

委内瑞拉

虽然乔治·W. 布什和奥巴马政府对某些委内瑞拉个人实施了制裁，但在特朗普的领导下，这些制裁急剧扩大到整个委内瑞拉的经济，禁止融资和石油贸易，并将资产控制权转移给反对派。到目前为止，拜登总统还没有撤销这些措施。

美国派往委内瑞拉的政府代表团没有能够让被羁押的美国公民获释。不过，据报道，双方确实进行了富有成效的会谈。尽管成果有限，但继 2022 年早些时候启动外交谈判后，美国与委内瑞拉政府的这一持续接触是一个充满希望的迹象。此前的谈判除了达成其他成果外，还促使拜登政府批准石油巨头雪佛龙与委内瑞拉政府未来合作谈判的计划。这些谈判本月仍在继续。有报道称，双方可能会签署一项协议，让雪佛龙获得它与委内瑞拉石油国有公司合资成立的石油生产企业的多数股权，这将使委内瑞拉国有石油公司的股权降至 50% 以下，从而不受出口制裁的限制。

同样在本月，加勒比共同体各国政府首脑呼吁美国结束对委内瑞拉的制裁，特别是考虑到全球油价上涨的局面。

由于油价高企、石油产量恢复和汇款增加，委内瑞拉经济预计 2022 年将实现 15 年来最快的增长——对于一个多年来饱受制裁打击的国家来说，这虽然不足以让国家暂时摆脱困境，但仍是一件可喜的事情。美联社新公布的一份分析报告认为，委内瑞拉的疫苗接种率——不仅是新冠病毒疫苗接种率，还有脊髓灰质炎、麻疹、肺结核和其他疾病的重要婴儿疫苗的接种率——是世界上最低的国家之一。

其他国家

美国的制裁还针对和影响了除了上述国家以外的一些国家，包括但不限于白俄罗斯、叙利亚和津巴布韦。

本月美国众议院通过的《2023 财年国防授权法案》中有一项由众议员丘扬·加西亚（Chuy García）和伊尔汗·奥马尔牵头提出的修正案。该修正案要求就美国制裁的人道主义影响提交一份报告。尽管这是美国外交政策制定流程的重要步骤，但美国并未向国会或公众提供有关制裁政策的有效性或影响的正式评估。如果这份报告被纳入最终立法，它将是朝着有效监督美国制裁政策迈出的一小步，但也是很有意义的一步。

**经济和政策研究中心（Center for Economic and Policy Research），
2022 年 7 月**

第二部分 被制裁的国家

朝鲜：挺过了美国和联合国的制裁和军事威胁

[美]埃丽卡·荣格（Erica Jung）

朝鲜民众生活在美国和联合国各种制裁所强加的限制、禁运和匮乏之中。[1]事实上，朝鲜是世界上受制裁最严重的国家之一，自1950年以来就一直饱受各种制裁，尤其是美国将制裁用作帝国的控制工具，想方设法削弱直接威胁其霸权的社会主义国家。将朝鲜抹黑说成是"世界和平的敌人和威胁"，美国就可以为其干预半岛政治、利用制裁发动"经济战"辩护。

时事和历史背景

2021年6月20日，拜登政府宣布将第13466号行政命令[2]延长一年。这个具有很强象征意义的举动将针对朝鲜核能力的国家紧急状态延长了一年。[3]拜登认为，朝鲜"继续发展核武器和导弹计划……将继续对美国的国家安全、外交政策和经济构成不寻常的、特殊的严重威胁"[4]。拜登政府进一步加剧了对朝鲜的敌意，宣布了一系列针对中国、俄罗斯、朝鲜、孟加拉国、缅甸等国家的个人和实体的制裁措施。那天是 2021 年 12 月 10 日，正好是第 73 个国际人权日。

　　这位总统对朝鲜发起的新一轮制裁里，首先针对的是俄罗斯大学欧洲正义研究院（European Institute Justo）及其教务长德米特里·尤列维奇·索因（Dmitriy Yurevich Soin），因为他们允许朝鲜学生用学生签证计划在俄罗斯工作。美国财政部曾表示，担心外汇收入用于朝鲜的"非法大规模杀伤性武器和弹道导弹计划"。[5] 美国财政部还将朝鲜有关部门或个人列入黑名单。

　　美国在宣布新一轮制裁三天后"原则上"同意了《终战宣言》（End-of-War Declaration）。这明显是虚伪的表现。这一声明可以正式结束朝鲜战争。这场战争形式上结束于 1953 年，当时签署的是停战协议，而不是和平条约。[6] 虽然《终战宣言》的推动主要由韩国和美国牵头，但双方均未能兑现朝鲜要求的所有条款，如取消某些制裁和停止军事演习。与此同时，美国继续对朝鲜施加制裁压力，实施孤立策略，破坏朝鲜主权。要想了解当今美国对朝鲜的制裁，一定要了解最初实施制裁的原因以及后来继续实施制裁的动机。1950 年朝鲜战争爆发后不久，美国对朝鲜实施出口禁令，禁止朝鲜或其他国家代表朝鲜进行金融交易，包括旅行交易。[7] 2003 年，朝鲜启动核试验，布什政府和奥巴马政府开始放松贸易和旅行制裁，以促进朝鲜无核化谈判。然而，"当谈判未能产生美国期望的结果时"，美国又恢复了制裁。[8] 如今，制裁威胁仍然是两国重启和谈的主要障碍。

　　分析美国国务院动辄将朝鲜列入"支持恐怖主义国家名单"的行为，就可以理解上述事件。1988 年，朝鲜被列入美国国务院的"支持恐怖主义国家名单"。20 年后的 2008 年，朝鲜从该名单中被删除，但 2017 年，特朗普政府又重新将朝鲜列入该名单。[9] 最近，拜登政府将朝鲜重新列入该名单。[10] 前美国国务院官员约瑟夫·德托马斯（Joseph DeThomas）将这一做法描述为"与其说是一门科学，不如说是一门艺术"，列入该名单是美国继续将残酷制裁合理化、完全制度化的一项关键战略。同时，将朝鲜暂时从名单上除名也是其精心策划的一部分，目的是迫使该国进行无核化谈判，以换取美国放松制裁。

制裁对朝鲜财务的影响

美国针对朝鲜实施单边制裁,"相比联合国制裁,限制了更多的经济活动,针对更多的个人和企业"[11]。自2008年以来,美国发布了多项行政命令,扩大了制裁的影响和范围。[12]、[13] 2016年,美国总统奥巴马发布第13722号行政命令,冻结实质上属于朝鲜政府或朝鲜劳动党、却受美国管辖的全部财产,禁止美国企业或个人向朝鲜出口或再出口任何产品、服务和技术。[14]冻结朝鲜劳动党党员的财产本质上就是窃取普通朝鲜民众的财产,因为该党有650万党员,占全国人口的四分之一。[15]

特朗普于2017年发布的第13810号行政命令扩大了美国对朝鲜的制裁范围,授权财政部制裁与朝鲜进行贸易的个人或实体,[16]运用次级制裁策略主要打击在美国法律管辖区之外从事贸易活动的个人或实体。[17]这一策略的目的是向世界各国企业施压,要求它们切断与朝鲜的所有贸易往来。正如特朗普在2017年说的那样:"外国银行不得不做出明确选择:要么与美国做生意,要么为朝鲜政权进行贸易提供便利——再说他们不会有那么多可交易的东西。"[18]受次级制裁制裁的个人或实体不能再进入美国市场。[19]结果,一些企业矫枉过正,"本来可以正常地和这个国家进行往来,但因为害怕受制裁的严重后果,而对受制裁国家敬而远之",让朝鲜受到很大冲击。[20]通过制裁,美国有效阻止了朝鲜参与美国金融体系和任何以美元为基础的交易。[21]

美国对朝鲜的单边制裁可以追溯到1950年,而出于对朝鲜核武器计划的担忧,联合国安理会(United Nations Security Council,UNSC)自2006年以来实施了越来越严厉的多边制裁。[22]第一代联合国制裁是"高端制裁"(Smart Sanctions),针对朝鲜党和国家的领导人,限制武器、导弹技术和材料以及精选奢侈品的供应。[23]这些制裁是在朝鲜首次核试验之后出台的。[24]

联合国为应对2016年朝鲜第四次核试验而制定的第二代制裁措施是"部门制裁"(Sectoral Sanctions)。[25]部门制裁不加区别地针对朝鲜经济的所有部门,无论这些部门与核计划有何联系。这些制裁对朝鲜经济造成了特别严重的破坏性影响,因为联合国决议针对的主要是出口行业,阻止朝鲜获得用于该国及其民众的外部收入。直接针对的行业包括矿产贸易、海产品、纺织、农产品、机电设备。在进口方面,决议大幅限制朝鲜能源进口,禁止进口重型机械、工业设备和运输车辆,禁止他国企业与朝鲜实体建立合资企业,阻止一切外国资金投资朝鲜。

通过一项又一项新决议,联合国安理会逐渐将朝鲜排除在国际资本之外。总的来说,联合国制裁和美国单方面制裁导致"几乎全面禁止与朝鲜相关的贸易、投资和金融交易"[26]。由于联合国的制裁,2018年的朝鲜贸易减少了一半。[27]朝鲜出口骤降86.3%,进口下降31.2%。出口大幅下降预示着经济衰退,出口困难导致外汇短缺。[28]

然而,制裁的财务影响超越了这个国家的经济发展。制裁对朝鲜的国民经济造成了广泛影响,弱化了全国民众的生存能力,不可避免地给整个国家造成巨大的人道主义灾难。人道主义组织——包括联合国机构——在分发援助物资时面临许多障碍,因为制裁政策不允许银行结算有关朝鲜的交易。朝鲜的国家机构也受到制裁的影响,同样无法获得许多必需品。朝鲜面临的最大的人道主义挑战还包括"长期的粮食安全;无法获得基本的医疗服务;水、环境卫生和个人卫生条件恶化;应对自然灾害的能力欠缺"[29]。从手工工具到铝芯线等各种各样的受制裁商品影响着人们日常生活的方方面面,给社会经济发展带来了严峻挑战。

人道主义挑战和国家的韧性

1989年至1991年,随着苏联解体,朝鲜的对外贸易下降了80%。来自俄罗斯的石油进口业务戛然而止,来自中国的进口额大幅下降。1995年和1997年两次毁灭性的洪水席卷了全国,矿山被淹没,道路被冲毁,整个工业受到很大影响。这些因素导致的饥荒和苦难时期,又叫"艰苦行军"(Arduous March),从1994年一直到2009年底,持续了约16年。朝鲜所有重要企业不是停产,就是减产。

朝鲜顽强地渡过了这段艰难时期,在克服困难方面表现出了非凡的力量和决心。自"艰苦行军"以来,朝鲜经济逐渐复苏,打造了自己的技术和基础设施,重建了国家的粮食、食品和服装产业。朝鲜的社会主义发展以主体思想为中心,"是自力更生、自给自足、自强自信的结合"[30]。就这样,朝鲜人民在农业、能源、纺织和钢铁生产方面取得了显著进步,继续保持韧性,逐渐解决面临的诸多问题。

尽管如此,制裁仍然是经济复苏的主要障碍。联合国的制裁政策禁止朝鲜进口种子、化肥、农业设备和其他类型的机械,对朝鲜的整体粮食生产带来不利影响。[31] 根据联合国驻地协调员(UN Resident Coordinator)编写的2020年《需求和优先事项》(Needs and Priorities)报告,"大约1010万朝鲜人,占全国39.6%的人口面临粮食问题"[32]。与声称朝鲜政府故意囤积粮食不给民众下发的流行说法相反,联合国驻地协调员非常清楚,"朝鲜的粮食安全问题缘于缺乏现代农业设备和技术;[33] 还因为经常发生的自然灾害和气候变化而加剧"[34]。事实上,虽然朝鲜拥有公共粮食分配系统,但无法从世界市场上获得必要的农产品进口。此外,制裁对朝鲜农业的影响还必须考虑南北分裂的影响,朝鲜的粮食无法依赖历史上的南部粮仓。

为了应对有关石油和己内酰胺等石油副产品进口的限制,朝鲜开发了生产化肥和布料的替代工艺。各企业、工厂、学校、矿业公司、部队等通过畜牧合作农场饲养牲畜供自用。人们用动物粪便做有机肥料的原材料,实现了更具可持续性的循环生产系统。[35] 朝鲜还开发滩涂,增加农田面积。2021年,政府开垦了多达13000公顷的土地。[36] 2019年,通过"精耕细作、科学耕作、稳步增产",朝鲜谷物产量达到665万吨,"创近10年来最高产量"。[37] 然而,由于连续台风和洪涝灾害,朝鲜谷物产量大幅下降,2020年的产量减少至552万吨。

朝鲜还大量投资一碳(C1)化学工业,以克服石油短缺,从石化行业转向。[38] 通过该行业,"可以从煤炭中提取出很多化工产品",包括汽油、合成纤维、合成树脂、合成橡胶、农药、油漆、药品、化肥等。

从一碳化学中提取的产品之一是维纶。这是一种由煤和石灰石制成的合成纤维,于1939年首次开发成功。虽然从石油中提取化学纤维正在成为全球趋势，但制裁导致原材料短缺，致使朝鲜一家化纤生产厂被关闭。[39] 1961年，为了自力更生，朝鲜建立了生产2.8维纶的联合企业，开始了维纶的工业生产。[40] 在朝鲜，维纶又称为"主体纤维"，它是朝鲜的国民纤维，用于生产服装、鞋子、绳索和棉被。[41]

在自力更生应对制裁带来的粮食安全和商品生产的有关挑战的同时，朝鲜还必须应对制裁对其水、环境卫生、个人卫生和医疗基础设施的影响。据联合国儿童基金会称，超过975万朝鲜人无法获得安全管理的饮用水；[42] 83.2%的家庭不使用任何水处理方法；36.6%的家庭饮用水中含有污染物[43]、[44]。此外，"一半家庭的供水没有经过任何处理。学校和医疗机构缺乏适当的供水和卫生设施"[45]。

水、环境卫生和个人卫生服务质量低下，导致腹泻和肺炎发病率奇高。2015年，"12个省份的中心医院7天至5岁婴幼儿死亡中37%是肺炎引起的，34%死于腹泻"[46]、[47]。朝鲜也是结核病（TB）发病最为严重的30个国家之一，每10万人中约有513人染病，其中大部分是由于营养不良。[48]

再加上预防和治疗这些疾病的很多药品被禁，情况尤其令人担忧。尽管与经济规模相当的国家相比，朝鲜的医疗保健系统相对较为发达，但全国各地的医疗机构经常面临基本医疗设备和药品短缺的问题，无法提供优质的医疗服务。根据联合国制裁规定，所有金属物品均在禁止范围内，包括医用消毒器，救护车，医疗器械，[49] X光机，医疗、外科、牙科或诊疗家具（即手术台、病床），水过滤或净化设备，以及金属管、管道、管道连接件等。[50] 医疗设备的短缺让朝鲜无法向公民提供宪法规定的全民免费医疗。[51]

虽然联合国有针对个案的人道主义豁免机制，但它"不足以防止这些负面影响，因为这些机制是临时性的矫正措施，而不是系统性的预防措施"。[52] 豁免申请者——主要是国际和非政府组织——面临着重大挑战，包括从审查和批准豁免请求的漫长等待时间到不切实际的运输要求。[53] 这些人道主义援助的行政审批障碍产生了致命的后果。如表2-1所示，仅2018年，延误和资金短缺就导致大约3968个原本可以避免的死亡案例。

虽然有识之士积极呼吁降低人道主义援助的门槛，但是与医疗资源短缺造成的死亡密切相关的是制裁政策，而不是缺乏足够的豁免。尽管朝鲜拥有全国公共教育、儿童保育和医疗保健计划，但制裁让朝鲜无法提供充足的孕产妇和新生儿护理、卫生基础设施，最终杜绝可预防的死亡。援助可以解决短期问题，但从长远来看，必须取消制裁和其他控制工具，让朝鲜民众能够通过自己的努力过上自己的生活。

由于救助延误和资金短缺，联合国机构不得不削减2018年的救助计划，这导致大约3968人死亡。

表2-1　2018年因救助延误和资金短缺导致的死亡情况　　单位：人

	目标群体	未覆盖的群体	可避免的死亡			救助延误导致的死亡*		
				男	女		男	女
严重急性营养不良	60000	5000（8%）	1650	825	825	223	112	112
维生素A	1600000	83565（5%）	343	172	172	46	23	23
清洁	356891	91891（99%）	703	352	352	95	48	48
紧急生殖疾病诊疗工具	341500	337750（99%）	1272	600	672	172	81	91
合计	2358391	518206	3968	1948	2020	535	264	271

*　救助延误导致的死亡是所有可避免死亡的一部分。具体数字用一年里等待豁免的平均人数（99365）占可预防死亡总数的比例来计算，假设医院诊治容量减少50%。

制裁对女性的影响

对朝鲜的制裁还给女性健康（包括生殖健康和孕产妇健康）带来了非常负面的影响。截至2017年，朝鲜的孕产妇死亡率为每10万活产中89人死亡，"从未达到低收入和最不发达国家的高点，低于世界平均水平"[54]。同时，催产素[55]、硫酸镁[56]等救生药物的短缺和营养不良继续危害妇女的健康。

对朝鲜的制裁在很多方面伤害了这个国家的众多女性。尽管国家在保护和提高妇女社会地位方面取得了重大立法成就，[57]朝鲜女性扮演的角色仍然让朝鲜妇女处境艰难，她们"特别容易受到制裁的影响，原因是社会对她们的双重期望——她们既是家庭和社区的主要照顾者，又是完全融入了社会主义经济的劳动者"[58]。

女性几乎占这个国家劳动力的一半（47.8%），而她们主要从事的是受制裁影响最严重的部门，如卫生和福利服务、渔业和纺织业。[59]禁止出口海鲜和纺织品对朝鲜女性养活自己和家人产生了不利影响。此外，许多妇女为应对制裁对经济造成的严重影响，从事市场贸易，这是合法的，而且是朝鲜女性的主要职业。虽然"市场参与度的提高可能有助于改善朝鲜妇女的经济和社会地位"，但制裁会影响生意，"加剧女性就业的不稳定，损害她们的社会地位"。[60]

结论

目前，美国和其他国家[61]，以及联合国对朝鲜实施的制裁针对150多家公司和200多名个人，其影响波及朝鲜的大量人口。[62]制裁阻碍了朝鲜经济发展和人道主义援助的接收，抵消了朝鲜逐步从"艰难行军"恢复过程中取得的成就。

尽管制裁对朝鲜进行国际贸易和接受人道主义援助带来严重影响，但朝鲜顶住了美国的威胁，保持了独立，顽强地渡过了难关。尽管各种产品（其中最重要的产品是石油）的进口受到了许多限制，但朝鲜人民已经找到了规避这些限制的方法。他们发挥自己的聪明才智，独立生产出很多商品。面对制裁，他们积极行动起来，艰苦奋斗，调整自己的生活方式，主体思想的国家意识形态体现在朝鲜经济的各个方面。

尽管如此，只要朝鲜存在，美国就会继续通过制裁和其他入侵手段来控制这个国家。美国以人权之名实施这些制裁，"然而制裁造成的大批民众死亡这一事实本身表明，这一说法只不过是美国的借口，为的是掩饰它的真正目标：依托其全球军事扩张和占领，肆意掠夺全球市场和资源"[63]。社会主义国家朝鲜及其所取得的一切成就对美国主导的、用制裁来维持的帝国主义体系构成了直接威胁。国际社会必须接受朝鲜的主权并提供支持，而不是孤立、诽谤或暴力相向。为了推进半岛和平稳定，我们必须推动朝韩之间的和平与合作，反对一切形式的美帝国主义行为。

"终结国内外的战争"（End the Wars at Home and Abroad），2022年9月

尾注：

〔1〕https://nodutdol.org/wp-content/uploads/2020/10/Sanctions-of-Empire.pdf.

〔2〕总统令13466号最初发布于2008年6月26日，为的是应对朝鲜的核武器计划。

〔3〕https://www.whitehouse.gov/briefing-room/presidential-actions/2021/06/21/notice-on-the-continuation-of-thenational-emergency-with-respect-to-north-korea/.

〔4〕https://www.whitehouse.gov/briefing-room/statements-releases/2021/06/21/letterto-the-speaker-of-the-house-of-representatives-and-the-president-of-the-senateonthe-continuation-of-the-national-emergency-with-respect-to-north-korea/.

〔5〕https://thehill.com/policy/international/585308-biden-sanctions-dozens-accused-of-human-rights-abuses-including-china.

〔6〕https://www.theguardian.com/world/2021/dec/13/north-south-korea-agree-in-principle-formal-end-war-us.

〔7〕https://nodutdol.org/wp-content/uploads/2020/10/Sanctions-of-Empire.pdf.

〔8〕https://nodutdol.org/wp-content/uploads/2020/10/Sanctions-of-Empire.pdf.

〔9〕https://www.washingtonpost.com/news/worldviews/wp/2017/11/20/north-koreas-on-again-off-again-status-as-a-state-sponsor-of-terrorism/.

〔10〕https://en.yna.co.kr/view/AEN20211217000251325.

〔11〕https://www.cfr.org/backgrounder/what-know-about-sanctions-north-korea.

〔12〕https://home.treasury.gov/policy-issues/financial-sanctions/sanctions-programs-and-country-information/north-korea-sanctions.

〔13〕六个总统行政命令分别是第 13466 号（2008）、第 13551 号（2010）、第 13570 号（2011）、第 13687 号（2015）、第 13722 号（2016）和第 13810 号（2017）。

〔14〕https://home.treasury.gov/system/files/126/nk_eo_20160316.pdf.

〔15〕https://www.news1.kr/articles/?4172242.

〔16〕https://home.treasury.gov/system/files/126/13810.pdf.

〔17〕https://www.skadden.com/insights/publications/2017/09/us-dramatically-increases-sanctions-on-north-korea.

〔18〕https://kr.usembassy.gov/092117-remarks-president-trump-president-moonrok-prime-minister-abe-japan/.

〔19〕https://www.skadden.com/insights/publications/2017/09/us-dramaticallyincreases-sanctions-on-north-korea.

〔20〕https://nodutdol.org/wp-content/uploads/2020/10/Sanctions-of-Empire.pdf.

〔21〕https://fpif.org/the-problem-of-sanctions-against-north-korea/.

〔22〕https://koreapeacenow.org/wp-content/uploads/2019/10/human-costs-and-gendered-impact-of-sanctions-on-north-korea.pdf.

〔23〕http://www.cfr.org//backgrounder/what-know-about-sanctions-north-korea.

〔24〕第一代制裁包括以下决议：第 1718 号（2006）、第 1874 号（2009）、第 2087 号（2013）、第 2094 号（2013）和第 2270 号决议（2016）。

〔25〕第二代制裁包括以下决议：第 2321 号（2016）、第 2371 号（2017）、第 2375 号（2017）和第 2397 号决议（2017）。

〔26〕Ibid, p.1.

〔27〕https://www.koreatimes.co.kr/www/nation/2019/07/103_272576.html.

〔28〕KPN, p.11.

〔29〕KPN report.

〔30〕https://foodfirst.org/wp-content/uploads/2013/12/PB11-Famine-in-NorthKorea-Christine-Ahn.pd.

〔31〕联合国第 2397 号决议中影响粮食生产的受制裁物资包括：农业手工工具，农业、园艺或林业机器的刀片，农产品烘干机，农业喷洒机，灌溉设备，整地农业机械，收割和脱粒机械，清洁和分类谷物和豆类的机器，用于食品和饮料工业加工的其他机器，拖拉机和拖拉机备件，农用拖车，农用货车和手推车，预制温室，牲口棚，铁，钢，铝芯线等。

〔32〕https://dprkorea.un.org/en/42877-dpr-korea-needs-and-priorities-plan2020-issued-april2020.

〔33〕石油进口限制尤其严重制约了粮食生产，因为燃料是维系农业机械运转所必需的物资。

〔34〕Ibid, p.5.

〔35〕NKtech.com.

〔36〕https://sustainabledevelopment.un.org/content/documents/282482021_VNR_Report_DPRK.pdf.

〔37〕https://sustainabledevelopment.un.org/content/documents/ 282482021_VNR_Report_DPRK.pdf, p. 15.

〔38〕一碳（C1）化学指的是"利用煤的气化生产的一氧化碳和氢气的合成气，这种合成气是制造各种化学产品的基础"。

〔39〕NKTech.com.

〔40〕http://kancc.org/bbs/board.php?bo_table=news&wr_id=23329.

〔41〕https://www.chemeurope.com/en/encyclopedia/Vinalon.html.

〔42〕https://www.unicef.org/dprk/reports/unicefdprkoreaannualreport2018.

〔43〕粪便污染的依据是水中检测到的耐热大肠菌群（TTC）的数量。

〔44〕https://www.unicef.org/dprk/reports/2017dprkoreamicssurvey, p. 148, 150.

〔45〕https://www.unicef.org/dprk/reports/unicefdprkoreaannualreport2018, p.2.

〔46〕https://www.unicef.org/dprk/reports/unicefdprkoreaannualreport2018, p.2.

〔47〕腹泻和肺炎是致使5岁以下儿童死亡的主要原因。

〔48〕https://www.who.int/publications/i/item/9789240013131.

〔49〕医疗器具包括超声波和心电图机、注射器、针头、导管、牙科和眼科设备等。

〔50〕这些物品用于提供清洁的用水。

〔51〕https://www.lawandnorthkorea.com/laws/socialist-constitution-2019.

〔52〕KPN, p. 10.

〔53〕朝鲜政府也被排除在申请这些豁免之外。

〔54〕https://www-jstor-org.ezproxy.cul.columbia.edu/stable/44525733?seq=1#metadata_info_tab_contents, p. 26.

〔55〕用于预防产后出血，控制大出血。

〔56〕用于预防具有子痫前期体征或症状的女性发作癫痫。

〔57〕1946年，朝鲜通过了《性别平等法》，宣布"男女平等的经济、文化、社会和政治权利，包括结婚和离婚自由"。后来，2010年《保护和促进妇女权利法》对该法律进行了更新，前者主要针对有关对于女性的歧视和性别角色以及陈旧观念。更新后的法律还设法帮助妇女在公共生活、教育、就业和获得医疗保健方面取得进步（KPN）。

〔58〕KPN, p. 22.

〔59〕如前所述，联合国安理会第2371号决议禁止出口海产品；联合国安理会第2375号决议禁止出口纺织品；联合国安理会第2397号决议禁止出口食品和农产品、机械、电气设备和某些矿物。

〔60〕KPN, p. 24.

〔61〕日本、韩国和澳大利亚，以及欧盟也对朝鲜实施了制裁。

〔62〕https://www.riskadvisory.com/sanctions/north-korea-sanctions-list/.

〔63〕https://nodutdol.org/wp-content/uploads/2020/10/Sanctions-of-Empire.pdf.

制裁非洲之角

[美]安·加里森（Ann Garrison）、
[加拿大]约翰·菲尔波特

在特朗普执政的四年中，他大部分时间都忽视了非洲之角。他似乎对那个地方完全不感兴趣，他的抽身为埃塞俄比亚、厄立特里亚和索马里形成一个区域联盟创造了足够的喘息时间（后来的拜登政府最终将制裁的目标瞄准了这里）。事实上，美国的长期附庸提格雷人民解放阵线（Tigray People's Liberation Front，TPLF，俗称"提人阵"）在2020年11月3日当晚袭击了他们的埃塞俄比亚国防军战友，在埃塞俄比亚发动了一场代理人内战。

提人阵还向厄立特里亚首都阿斯马拉发射火箭弹，[1]厄立特里亚开始自卫战争并与埃塞俄比亚结盟。

很难想象，美国外交政策机构中没有人知道提人阵的攻击即将到来，提人阵发动的战争恰逢拜登当选和执政期间。在近两年的战争中，美国决策者将提人阵描绘成受害者，将谴责的矛头指向埃塞俄比亚和厄立特里亚。

最后，提人阵在阿姆哈拉和阿法尔地区各州的破坏行为和暴行昭然若揭，但美国仍然毫无顾忌地支持提人阵。

美国失去了"锚定国家"

从 1991 年到 2018 年,提人阵作为美国附庸国政府残酷地统治着埃塞俄比亚。美国外交决策者并不在乎它如何蹂躏本国民众,只要它作为一个"锚定国家",其军队帮助美国实现其军事目的,保护美国在非洲之角的利益。2006 年,在美国的要求下,埃塞俄比亚军队在提人阵的指挥下入侵索马里,推翻了伊斯兰法院(Islamic Court)①。该法院虔诚地信仰宗教,但不是伊斯兰激进分子,他们为索马里人民提供了比过去几十年更为稳定的生活。之前,索马里遭受了青年党(Al-Shabaab)恐怖分子和美国无人机轰炸的极端暴力事件。

1998 年至 2000 年,提人阵向厄立特里亚发动了一场扩张战争。尽管在 2000 年签署了和平条约,但在接下来的 18 年里,边界战争一直在持续,忽冷忽热,直到提人阵最终被埃塞俄比亚民众起义推翻。2018 年 4 月 2 日,阿比·艾哈迈德(Abiy Ahmed)成为埃塞俄比亚议会选出的临时总理。

三个月后,在 7 月 8 日至 9 日的双边峰会上,他与厄立特里亚进行了和平谈判。由于在结束这场冲突的和谈中做出了贡献,阿比总理被授予诺贝尔和平奖,并于 2019 年 10 月 11 日在奥斯陆受奖。[2]

在与厄立特里亚媾和两个月后,2018 年 9 月 5 日,阿比总理会见了厄立特里亚总统伊萨亚斯·阿费沃基(Isaias Afwerki)和时任索马里总统穆罕默德·阿卜杜拉希·穆罕默德(又名法马霍),签署了《埃塞俄比亚、索马里和厄立特里亚全面合作联合声明》(Joint Declaration on Comprehensive Cooperation Between Ethiopia, Somalia and Eritrea,以下简称《联合声明》)。[3]

《联合声明》给非洲之角带来了新的希望,但它带来的和平与独立却超过了拜登政府所能容忍的限度,特别是因为它包括厄立特里亚——"非洲的古

---

① 全称是"索马里法院联盟"(索马里语:Midowga Maxkamadaha Islaamiga),是一个法律和政治组织,成立的目的是解决自 1991 年索马里内战期间西亚德 – 巴雷政权垮台以来笼罩索马里的混乱状态。——译者注

巴"，以及一直独立于美国非洲司令部的两个非洲国家之一（另一个是津巴布韦）。新协议让先前的美国傀儡埃塞俄比亚改变了"锚定国"立场，挑战了美国对全球霸权的痴迷追求。

对于阻挠其全球霸权的国家，美国的外交政策就是军事侵略、破坏稳定和非法制裁，又称"单方面强制措施"。根据国际法，只有联合国安理会有权通过军事干预阻止国际犯罪，或者有权实施制裁，但美国将这些权力视为自己的权力。

像任何主权国家一样，美国用自己的资源做自己想做的事情，例如，粮食援助、军事或安全援助或贸易优惠，是合法的。它有权从另一个国家撤回这些援助或优惠，而无须解释。

但是，美国因另一个国家不听命令而撤回援助或扬言撤回援助是非法的。美国威胁采用胁迫性经济措施，不许一个国家与另一个国家进行贸易或不许一个国家在另一个国家做生意是违反国际法的。这一论点依据的是《联合国宪章》的基本原则。该宪章第二条[4]确立了联合国所有会员国主权平等的原则。

这是关于美国正在实施于或威胁实施于埃塞俄比亚、厄立特里亚的最具破坏性的制裁的分析报告。制裁的原因是它们和另外一个国家签署了下面这份协议：

> 埃塞俄比亚、索马里和厄立特里亚政府达成了反映其民众意愿的下列协定：
> 1. 三国将全面合作，实现各自民众的目标。
> 2. 三国将建立政治、经济、社会、文化和安全方面的密切联系。
> 3. 三国将共同努力促进地区和平与安全。
> 4. 三国政府特此成立一个高级别联合委员会，在本联合声明的框架内协调各自的工作。

埃塞俄比亚、厄立特里亚和提人阵

提人阵袭击埃塞俄比亚北方司令部，最终进军亚的斯亚贝巴，似乎是为了夺回权力，但很快就被证明是站不住脚的。后来，提人阵似乎隐约倾向于从这个国家中独立出去，但埃塞俄比亚的宪法允许种族群体通过全民公决而不是向中央政府发动战争的方式从国家中独立出去。

世界上没有一个国家会坐视分裂力量从内部或外部对其军队发动攻击。然而，当阿比总理派遣埃塞俄比亚国防军进入提格雷地区对付提人阵的攻击时，媒体机构就开始大肆报道，说他向提格雷派遣军队，挑起了战争。很快，西方干涉主义者，最著名的是美国国际开发署（U.S. Agency for International Development，USAID）负责人萨曼莎·鲍尔（Samantha Power）开始散布"提格雷种族灭绝"即将开始的消息，指责阿比以及埃塞俄比亚和厄立特里亚军队犯下暴行。"听话"的媒体机构、学术界和人权组织也纷纷效仿。

拜登援引《国家紧急状态法》，宣布埃塞俄比亚冲突对美国国家安全构成威胁

2021年9月17日，拜登总统发布了第14046号行政命令。[5] 该命令援引《国家紧急状态法》（National Emergencies Act）和《美国法典》（The United States Code）的其他部分，内容如下：

> 我，美利坚合众国总统小约瑟夫·R.拜登认为，埃塞俄比亚北部局势以及与之相关的情况——这里爆发了威胁埃塞俄比亚、整个非洲之角地区和平、安全和稳定的活动，特别是广泛的暴力、暴行和严重侵犯人权行为，包括涉及种族暴力、强奸和其他基于性别的暴力形式以及阻碍人道主义行为——构成了对美国国家安全、外交政策的不寻常的、特殊的威胁。我特此宣布全国进入紧急状态，全力应对这一威胁。

一般美国人可能会问,遥远的东非冲突如何对我们的国家安全构成威胁,但在美国外交政策制定者的心目中,国家安全当然等同于全球霸权。拜登援引《国家紧急状态法》,解释自己为了让埃塞俄比亚或厄立特里亚(埃塞俄比亚冲突中的美国盟友)重回美国控制而对两国实施制裁的过程中,为什么没有提交国会和监管部门审批或监督。他说,因为情况紧急,所以没有时间征求国会意见。

正如布伦南中心(Brennan Center)的《紧急权力及其使用指南》(Guide to Emergency Powers and Their Use)中详细介绍的那样,《国家紧急状态法》可用于为埃塞俄比亚以外和制裁之外的各种可怕的滥用权力寻找依据,该指南列出了宣布国家紧急状态后"总统拥有的136项法定权力"。[6]不过,本文主要讲述制裁。

无论拜登最终是否制裁任何实体,他曾在第14046号行政命令中声称,他拥有随时实施制裁的不受约束的行政权力。2022年9月9日,他发布了《关于继续对埃塞俄比亚实施国家紧急状态的通知》。[7]这个文件宣布他不仅不会放松制裁,还会随时实施更严厉的制裁。

第一批受到制裁的实体和个人都是厄立特里亚人。2021年11月12日,美国财政部制裁了以下实体和个人:

1. 厄立特里亚国防军(Eritrean Defense Force, EDF),这是厄立特里亚的正规部队。
2. 人民民主与正义阵线(People's Front for Democracy and Justice, PFDJ),这是厄立特里亚唯一的政治党派。
3. 持有厄立特里亚资产的希德里信托公司(Hidri Trust)。
4. 从事货物贸易的红海贸易公司(Red Sea Trading Corporation)。
5. 亚伯拉罕·卡萨·那马利汉姆(Abraha Kassa Nemariam),厄立特里亚国家安全办公室主任。
6. 哈格斯·戈比里维特·W. 吉丹(Hagos Ghebrehiwet W. Kidan),红海贸易公司首席执行官、厄立特里亚首席发展战略家。

埃塞俄比亚和厄立特里亚联手击败提人阵，这完全是主权赋予它们的权利，但美国财政部却说，美国外交政策机构正在努力控制这场冲突的影响，而厄立特里亚则阻碍了它们。[8]

对个人的制裁可能意味着扣押其海外资产，但受制裁的两个厄立特里亚官员都没有海外资产。对他们两人来说，唯一的后果似乎是哈格斯·戈比里维特被禁止参加2022年在达拉斯举行的一年一度的厄立特里亚节（Eritrean Festival）。

然而，这意味着厄立特里亚无法以美元进行交易，而美元仍然是国际贸易的主要货币。另外，这些交易必须通过美国和欧洲的银行进行。在交易过程中，后者会阻止这些交易。厄立特里亚必须像俄罗斯和其他受制裁国家那样以其他货币进行结算，并寻找美国和欧洲以外的供应商，包括提供疫苗、药品等必需品以及各种基础设施零配件的企业。货物和运输保险价格大涨，而且很难及时收到他们需要的货物。

由于无法使用用于银行家快速传递交易信息的国际资金清算系统（SWIFT），厄立特里亚有时不得不在结算上花费很长时间。

对于侨民来说，向厄立特里亚的家人汇款也变得困难且昂贵，有些人甚至选择把款汇给前往该国的其他厄立特里亚裔美国人或厄立特里亚裔欧洲人。

厄立特里亚受美国和欧盟制裁的事实也使得国外大公司、机构不敢与该国进行贸易或在那里投资，因为担心一不小心触犯了美国的制裁措施。没有人喜欢去招惹那个"房间里的大人物"，因为它拥有全世界威力最大的大炮，把控着全世界的金融体系。

在我访问厄立特里亚时，哈格斯·戈比里维特告诉我，"有人指控我们帮助中国，但我们与愿意与我们来往的人做生意。中国愿意与我们做生意"。

厄立特里亚的疫苗接种率和疫苗可预防儿童疾病的根除率令人印象深刻。在商业承运商不敢向该国运送任何物资时，联合国儿童基金会包机向该国运送疫苗。

所有这些制裁的影响是累积的。厄立特里亚从2009年至2018年就已经受到联合国制裁，制裁产生的影响随着时间的推移而越来越严重。

对埃塞俄比亚的贸易制裁

2022年1月1日,拜登的美国贸易代表凯瑟琳·泰(Katherine Tai)对埃塞俄比亚实施了贸易制裁,取消了该国《非洲增长与机遇法案》(African Growth and Opportunity Act,AGOA)的受惠资格,埃塞俄比亚制造企业由此无法继续向美国零关税出口商品。[9]这让数千埃塞俄比亚人(主要是女性)失去了工作。在许多情况下,制造企业为他们提供了市场经济中的第一份工作。这有力地说明了大多数美国制裁的性质。制裁的目的就是让劳动人民痛苦不堪,进而起来推翻政府。这种伎俩在委内瑞拉、古巴、俄罗斯、中国或厄立特里亚都行不通,希望在埃塞俄比亚也行不通。

AGOA受惠待遇的取消并没有给厄立特里亚造成多大伤害,因为他们从未受益于加入AGOA带来的贸易优势。同样,厄立特里亚也不会受到国际货币基金组织、世界银行或其他国际资助者贷款制裁的影响,因为他们很久以前就切断了这些贸易联系。厄立特里亚总统伊萨亚斯·阿费沃基(Isaias Afwerki)说:"援助就像毒品,反复服用,很快就会上瘾。"

面对2009年至2018年美国推动的无理的联合国制裁,厄立特里亚表现出了钢铁般的意志。当时,借口厄立特里亚与索马里恐怖组织青年党有染,美国推动联合国对厄立特里亚进行了无理制裁。

埃塞俄比亚和厄立特里亚,H.R. 6600 和 S. 3199

截至本书(英文版)出版时,美国国会尚未通过任何制裁埃塞俄比亚、厄立特里亚的议案,但有几项议案正在等待过会。制裁议案已经向两院提出,但未获两院的专门委员会通过,因此众议院和参议院尚未进行全面投票。向众议院呈交的议案是H.R. 6600,即《埃塞俄比亚稳定、和平与民主法案》[10],向参议院呈交的议案是S. 3199,即《2022年埃塞俄比亚和平与稳定法案》[11]。与大多数美国外交政策一样,这两个法案的实施效果很可能完全与其初衷背道而驰。

两个议案几乎完全相同，而且都是两党共同推动、共同支持的，这表明美国的制裁是一个两党共同的项目，尽管两者都是由民主党提出的。汤姆·马林诺夫斯基（Tom Malinowski）提出了 H.R. 6600，得到了一名民主党人和两名共和党人的支持。民主党人罗伯特·梅嫩德斯（Robert Menendez）提出了 S.3199，另外两名民主党人和两名共和党人支持该议案。

这样做的唯一意义在于，民主党人觉得更应该支持民主党人提出的议案，因此，如果民主党在 11 月竞选失败，通过马林诺夫斯基议案的压力可能会较小。这就不会摧毁那个帝国，但可以为那些试图阻止制裁的人创造一些活动空间。

大家在阅读本书时，不管这些议案是否获得通过，有关之前情况的介绍不会有什么改变。

两个议案要求厄立特里亚从埃塞俄比亚撤军，但也要求埃塞俄比亚政府彻底投降。H.R. 6600 第 7（B）（1）条规定，只有在以下情况下才会解除制裁："埃塞俄比亚政府已停止所有与埃塞俄比亚内战和其他冲突有关的进攻性军事行动。"

换句话说，埃塞俄比亚政府及其军队应该向美国投降，而自埃塞俄比亚冲突爆发以来，美国明确表示，它认为提人阵有权获得美国和提人阵称之为"提格雷西部"（Western Tigray）的地方。那个地方，阿姆哈拉的埃塞俄比亚人称为"沃尔卡伊特"（Wolkayit）。

2022 年 4 月，贡德尔大学（University of Gondar）研究人员公布了他们调查提人阵数十年屠杀和蹂躏阿姆哈拉人的结果。纪录片《沃尔卡伊特的眼泪》（*Tears of Wolkayit*）也讲述了那个时期发生的各种暴行。[12]

毫无疑问，阿比·艾哈迈德总理知道，他不能没有经过浴血抗争就将沃尔卡伊特交给阿姆哈拉人，然而，很难知道，美国如何想象将沃尔卡伊特交给提人阵。

H.R. 6600 第 5（b）（5）条还要求，制裁一旦实施，将不会解除，除非："埃塞俄比亚政府配合对战争罪、危害人类罪和其他人权罪的可信指控，埃塞俄比亚内战和其他冲突期间发生的虐待行为进行独立调查。"换句话说，在埃塞俄比亚政府服从国际刑事司法体系裁决之前，制裁不会解除，而国际刑事司法体系在很大程度上是实施美国霸权控制的工具。

H.R. 6600 的摘要称："在该议案通过后的 90 天内，国务院必须向国会报告，确定埃塞俄比亚和厄立特里亚武装部队、提格雷人民解放阵线和其他武装在埃塞俄比亚的行动是否构成种族灭绝罪、战争罪或危害人类罪。"

根据国际法，只有联合国安理会才能确定战争罪、危害人类罪或种族灭绝罪正在发生或已经发生。如果确实发生了这些罪行，联合国安理会可以将案件提交国际刑事法院提起诉讼，和/或组织多边力量阻止这些罪行的发生，但美国政策制定者声称他们自己有这项权利。

众议院外交关系非洲小组委员会成员伊尔汗·奥马尔和其他几位国会议员和参议员不断催促国务院提交有关上述武装力量是否构成种族灭绝的"定论"。美国的决策者用它来为他们的一切决策找理由，甚至包括轰炸行动，如对利比亚和叙利亚的轰炸。我们希望他们不要走得那么远，但我们也知道，这是这些制裁议案中提到的最糟糕的可能性。

这两项议案都主张对埃塞俄比亚和厄立特里亚实施武器禁运。如果禁运付诸实施，这两个国家将难以自卫。然而，如果两项议案真的通过，接下来的问题就是，其他国家是否会遵守这两项议案。俄罗斯和印度已经开始动用武器运输船进行相互贸易，这只是世界其他国家拒绝遵守美国制裁的一个例子。

H.R. 6600 和 S. 3199 还将对厄立特里亚和埃塞俄比亚投资的其他国家和公司实施制裁。这些制裁有可能造成严重损害，因为厄立特里亚和埃塞俄比亚急需外国投资来开发其资源。

它们需要投资，而不是剥削，因此比任何制裁更持久的一个大问题是非洲国家将要求达成什么样的协议。厄立特里亚在抵制制裁方面为非洲其他国家树立了一个出色的榜样，如愿以偿地获得了体量前所未有的资源开采合同。

其中一个例子是比舍金矿（Bisha Gold Mine）。一家名叫耐森资源公司（Nevsun Resources）的加拿大矿业公司计划借助一家德国公司的资金来开发比舍金矿。厄立特里亚与该公司达成协议，获得40%的股份，该公司缴纳38%的资本利得税，并承诺在采矿项目中雇用和培训厄立特里亚人。然而，美国在没有实施任何制裁的情况下胁迫这家德国公司退出。后来，一家中国公司为该交易提供了资金，而在中国香港证券交易所上市的中国跨国公司紫金矿业集团有限公司最终购买了耐森的大部分股份。

这也是世界其他主要工业和军事大国与实力较弱的国家合作抵御美国欺凌和侵略的一个例子。即使制裁议案获得通过，这些国家很可能也会拒绝遵守。

最后，这可能是最令人担忧的悬而未决的制裁。该议案建议美国与社交媒体巨头合作，限制埃塞俄比亚和厄立特里亚的言论。H.R. 6600 第 3（b）(6)条具体规定如下：

> （a）项所要求的战略包括实施该战略的计划，包括……打击埃塞俄比亚的仇恨言论和虚假信息，包括努力与社交媒体公司合作，减轻社交媒体上来自美国之外的，使埃塞俄比亚的内战和其他冲突永久化的内容（包括仇恨言论和煽动暴力的语言）产生的影响。

在其他国家，这种限制社交媒体言论的尝试是前所未有的，而且特别危险，因为公民和记者没有像推特（Twitter）或脸书（Facebook）这样规模的替代平台。推特和脸书是公认的商业帝国，因此美国政府不会像关闭一些小型独立媒体机构那样关闭它们，但我们可能因为使用社交媒体网络沟通和组织活动，而导致社交媒体账户被关闭。

#NoMore 运动的几位美国创始人，包括西蒙·特斯法马里亚姆（Simon Tesfamariam）博士和内比尤·阿斯富（Nebiyu Asfaw），已经被禁止使用推特，@HornOfAfricaHub 的账户、其他几个与 #NoMore 运动及其创始人相关的账户也是如此。大西洋理事会（Atlantic Council）甚至发表了一份声明，说特斯法马里亚姆博士有多危险。

我们撰写这篇文章正值美国中期选举临近之际，众议员和参议员都在竞选连任，恐怕无暇对这两项议案进行投票。然而，中期选举结束后，两项议案可能会提交专门的委员会进行投票，如果获得批准，则会提交众议院和参议院全体会议审议。

众议院第 7311 号决议

4月27日，在众议院其他所有民主党人和除9名共和党人之外的所有议员的推动下，众议院通过了 H.R.7311，即《打击俄罗斯在非洲的恶意活动法案》[13]。H.R. 7311 要求政府部门对与俄罗斯走得太近的非洲国家进行制裁，或者撤回援助，鼓励政府"以投资、合作或以其他方式控制非洲的战略部门，例如采矿业和其他形式的自然资源开发"。

大约两个月后，众议院通过了 H.R.7311 号决议。此前，17 个非洲国家对一项谴责俄罗斯的联合国决议投了弃权票或拒绝投票，而厄立特里亚则大胆地投了反对票。在拒绝支持该决议的 35 个联合国成员国中，未投赞成票的非洲国家占一半以上。

如果获得参议院通过的话，这个旨在制裁非洲所有国家，不许它们参与这个即将结束美国世界霸权的崭新多极世界的 H.R.7311 将是一次可悲的、确定无疑的失败尝试。

《黑人议程报告》，2022 年 9 月

尾注：

[1] Rebel Tigrayans fire rockets at neighboring Eritrea in escalation of Ethiopia conflict, https://www.washingtonpost.com/world/rebel-tigrayansfire-rockets-at-neighboring-eritreain-escalation-of-ethiopia-conflict/2020/11/15/651855c4-273b-11eb-9c21-3cc501d0981f_story.html.

[2] Nobel Peace Prize Goes To Ethiopia's Prime Minister Abiy Ahmed, https://www.npr.org/ 2019/10/11/769191358/nobel-peace-prize-goes-to-ethiopias-

prime-minister.

〔3〕Joint Declaration on Comprehensive Cooperation Between Ethiopia, Somalia and Eritrea, https://www.peaceagreements.org/viewmasterdocument/2099.

〔4〕Ibid. 1.

〔5〕Executive Order on Imposing Sanctions on Certain Persons With Respect to the Humanitarian and Human Rights Crisis in Ethiopia, https://www.whitehouse.gov/ briefingroom/presidential-actions/2021.

〔6〕A Guide to Emergency Powers and Their Use, https://www.brennancenter.org/ourwork/research-reports/guide-emergency-powers-and-their-use.

〔7〕Notice on the Continuation of the National Emergency with Respect to Ethiopia, https://www.whitehouse.gov/briefing-room/presidential-actions/2022/09/09/notice-on-thecontinuation-of-the-national-emergency-with-respect-to-ethiopia/.

〔8〕Treasury Sanctions Four Entities and Two Individuals in Connection with the crisis in Ethiopia, https://home.treasury.gov/news/press-releases/jy0478.

〔9〕U.S. Cuts off Ethiopia, Mali, Guinea From Africa DutyFree Trade Program", https://money.usnews.com/investing/news/articles/20220101/usterminatesethiopiamali-andguineafromagoatradepreferenceprogramustr.

〔10〕H.R. 6600, the Ethiopia Stabilization, Peace, and Democracy Act, introduced in the House 02/04/2022, https://www.congress.gov/bill/117thcongress/housebill/6600.

〔11〕S. 3199 Ethiopia Peace and Stabilization Act of 2022, introduced in the Senate 11/04/2021, https://www.congress.gov/bill/117thcongress/senatebill/3199.

〔12〕Tears of Wolkayit , https://www.youtube.com/watch?v=sQLBY32ekQk.

〔13〕H.R. 7311 Countering Malign Russian Activities in Africa Act, "introduced 03/31/2022", https://www.congress.gov/bill/117thcongress/housebill/7311/text.

中美竞争期间的对华制裁

[西班牙]卡洛斯·马丁内斯（Carlos Martinez）

背景

1949年，中华人民共和国成立后不久，美国就对中国实行了严格的禁运。随着20世纪70年代中美关系逐步走向正常化，禁运最终被取消。随后，随着中国融入全球经济的战略转变，逐渐发展为世界上最大、最重要的经济关系之一，目前双边贸易额每年略超5万亿美元。数以千计的美国企业通过投资中国，以及（特别是近年来）向不断增长的广阔中国市场销售产品赚得盆满钵满。

西方的统治阶级在很大程度上乐于将中国纳入全球化资本主义市场，但是，在他们眼中，中国的作用仅限于提供高素质的、受过良好教育的廉价劳动力。然而，中国长期实行对外开放政策，与西方公司合资兴办企业，学习最新的技术和管理技巧，建设自己的先进产业。与此同时，中国在教育和创新方面投入了大量资金。2020年，中国的研发支出达到3780亿美元，相当于GDP的2.4%，几乎是美国的三倍。

正如邓小平大约 35 年前所说的那样，中国正朝着"到 21 世纪中叶成为中等发达的社会主义国家"的目标迈进。[1]中国已成为网络技术、可再生能源、核能、高铁、人工智能、纳米技术、量子计算等重要领域的领先国家。在云计算和工业自动化等美国习惯主导的领域，中国与美国的竞争日益激烈。

美国统治阶级对此并没有做出积极的反应。他们认为："这些自负的亚洲共产党人拒绝继续待在他们的车道上！"美国经济学家杰弗里·萨克斯（Jeffrey Sachs）最近描述了美国精英对中国崛起成为科技强国的反应："如果要我说，我们的基本态度是：'他们怎么敢这么做？这应该是我们所做的，而不是他们该做的。他们就是一个工厂，我们是技术领导者。'"[2]

中国主导的"一带一路"倡议向中亚、东南亚、中东、非洲及更远的广大地区拓展，也让那些寻求维护美国霸权的人忧心忡忡。用美国"政界元老"基辛格的话说，"一带一路"的现实意义在于"将世界重心从大西洋转移到太平洋"[3]。也就是说，中国正在创造一个不由美国或美国控制的机构定义的发展路径。

总而言之，美国统治阶层发现自己作为唯一经济、政治和军事超级大国的地位正在受到威胁。更糟糕的是，这种威胁来自一个社会主义的、非白人的发展中国家。它正在与其他国家共同努力实现国际关系的民主化。

这就是"中美竞争"的总体背景，其中美国是主要对手，中国是主要目标。就像最初的冷战（针对苏联、社会主义国家和南半球发展中国家的战争）一样，"中美竞争"正在多个领域展开：政治、军事、意识形态、宣传和经济。

特朗普和拜登政府掀起的制裁浪潮

2011 年，时任美国国务卿希拉里·克林顿写道："未来十年，美国治国方略最重要的任务之一是锁定亚太地区大幅增加的投资——外交、经济、战略和其他方面的投资。"[4]这句话预示着"重返亚洲"战略的启动，明确将中国定位为美国现代外交政策的首要关注点。然而，正是在特朗普政府执政期间，中美竞争开始大为加剧。据说，美方掀起的贸易争端是为了制止"有史以来任何个人或国家实施的最严重的偷窃行为"。[5]特朗普大幅增加关税征收范围，这是自大约50年前解除贸易禁运以来前所未有的举动。

除关税外，特朗普政府还启动自1989年以来首次对中国的新的制裁。2018年，美国禁止华为和中兴通讯这两家中国顶级科技公司向美国联邦机构提供设备。一年后，美国宣称华为违反了美国对伊朗的单边（和非法）制裁规定，禁止美国公司与华为或其子公司开展业务，除非获得政府的特别许可。

2020年夏，特朗普政府又宣布了两套针对中国的制裁措施。根据所谓涉疆法案，几名中国内地高级官员的入美签证受到限制，资产被冻结。根据所谓涉港法案，一些中国香港高级官员（包括时任行政长官林郑月娥）都将受到类似惩罚。

在拜登执政的第一年，形势更为严峻。2021年6月，拜登签署了行政命令，禁止美国公民投资某些从事国防或监控技术领域的中国公司。

2021年12月23日，拜登签署涉疆法案。令人吃惊的是，"法案"颠覆了无罪推定原则，因为它包含"一个可反驳的推定，即在中国新疆维吾尔自治区开采、生产或制造的商品（不管是商品的一部分还是整个商品）都使用了强迫劳动，而被确定为强迫劳动的商品将受到美国进口禁令的限制"。[6]也就是说，这里有一个初始假设，即中国新疆生产的任何物品都涉及强迫劳动。任何进口商都必须提供"明确的、令人信服的证据"，证明货物的生产没有采用强迫劳动。因此，实质上，所谓的涉疆法案全面禁止了所有中国新疆商品的出口。

除了上述经济制裁，12月，白宫还宣布，鉴于"中国在新疆极为恶劣的侵犯人权行为和暴行"，美国将对2022年北京冬奥会进行"外交抵制"。[7]

美国国务院还一直大力鼓励美国盟友加入其日益壮大的制裁和抵制体系。在美国实施制裁的同时，英国、加拿大和欧盟对"涉嫌在新疆侵犯人权的行为实施了旅行禁令和资产冻结"。[8]加拿大、英国和欧盟也跟随美国通过了"马格尼茨基法案"，制裁涉嫌侵犯人权的个人。这实质上意味着，在"一套统一的规则"下,美国针对个人实施的制裁会自动在这些国家实施。[9]与此同时,澳大利亚、英国和加拿大也宣布支持拜登,对北京奥运会实行"外交抵制"。[10]西方关于新疆的负面报道尤其有害。由于篇幅有限,这里不揭穿这个弥天大谎,但是,我们可以找到这方面大量的有力材料,例如,意大利政治经济与社会研究所(Eurispes)的一项学术研究[13]、国际行动中心的一份详尽报告[14],以及《灰色地带》杂志上大量的调查报告。[15]值得注意的是,没有任何可靠的证据表明新疆存在所谓的种族灭绝、文化种族灭绝、强迫绝育、强迫劳动或集中营。因此,以所谓的侵犯人权为借口对中国实施制裁只能在精心策划的信息战的背景下进行,其目的是要进一步打造一个将中国抹黑成为恶势力的虚假信息体系。

总体情况是,在过去四年中,美国对中国的制裁稳步升级,而白宫主人的更换丝毫没有影响这一轨迹。

制裁成为"中美竞争"宣传的一部分

霸权主义制裁的典型逻辑是给对方社会造成严重的经济损失,以此煽动民众骚乱;"让经济尖叫",就像美国中央情报局在推翻智利阿连德政府时所做的那样。[11]美国对津巴布韦、古巴、委内瑞拉、尼加拉瓜、伊朗、叙利亚、白俄罗斯和朝鲜的制裁显然就是为了这个目的而策划的。毋庸置疑,这种战略在中国没有成功的机会,中国是世界第二大经济体,完全有能力采取反制措施,对美国的商业利益造成重大损害。

以新疆和中国香港的人权为借口对中国个人实施制裁,对中国经济增长的影响很小。相反,这种制裁是美国"全面出击"宣传的一部分,旨在诋毁中国,酝酿广泛的反华情绪,争取公众对中美竞争的支持。这种宣传已经产生了影响。在美国,它推动了"华盛顿对中国采取强硬态度的两党共识,这种共识现在正在扩展到更广泛的公众"[12]。

想方设法减缓中国的崛起

由于中国经济实力的增长，西方无法通过经济制裁，利用饥饿让中国人民屈服。然而，美国不断升级制裁手段，其中一个重要动机是减缓中国成为世界先进技术卓越领导者的速度。哈佛大学贝尔弗科学与国际事务中心（Belfer Center for Science and International Affairs）最近发布的一份报告指出："中国迅速崛起，挑战美国在技术制高点的主导地位，引起了美国的关注。"[16]该报告指出，中国已经在几个关键领域确立了领导地位。"在其他领域，按照目前的发展轨迹，中国将在未来十年内超越美国。"

美国可以利用的一个"瓶颈"是其在半导体设计和制造方面的领先地位。半导体的进步正在并将继续推动从能源到医药再到太空研究等众多行业的变革。贝尔弗中心的报告估计，中国将在"2030年成为半导体行业的顶级参与者"。因此，阻止（或至少减缓）中国成为半导体超级大国成为美国的首要任务。

这个问题超出了经济学的范围。如果中国在技术创新上超过美国，将改变整个全球力量对比，大大削弱帝国主义列强将自己的意志强加于世界的能力，彰显社会主义制度在推动人类进步上的优越性。

事实上，在未来几十年里，技术发展将成为迈向更先进的社会主义的物质基础的重要组成部分。英国研究员基思·兰姆（Keith Lamb）写道："中国到2049年建设社会主义现代化国家的目标（之一）是掌握现代关键的半导体技术，使自动驾驶电动汽车、全自动人工智能生产系统和超级计算机等创新成为可能。"[17]

这就是美国发动半导体行业制裁浪潮的原因。美国想要限制中国进口半导体，更重要的是阻止中国实现半导体的自主生产。2020年12月，中国最大的计算机芯片制造商中芯国际被美国列入黑名单，无法再从美国公司获得供货。美国禁止中国芯片设计企业使用领先的芯片设计工具。[18]与此同时，美国禁止华为进口芯片，对华为高端智能手机的生产造成冲击。[19]凭借其"长臂管辖权"，制裁使用美国制造零部件的非美国芯片制造商，美国将许多制裁措施推向国际。在这方面，一个值得注意的荒谬之处是，作为中国的一个地区，台湾居然遵守了美国的制裁方案，因此世界上最有价值的半导体公司台积电（TSMC）被迫停止向美国实体清单里的公司供货，包括华为。[20]

对美帝国主义来说，可惜的是——但对中国和世界人民来说值得庆幸的是——这场经济制裁注定要失败。正如拉迪卡·德赛（Radhika Desai）指出的那样，"美国限制向中国供应芯片的努力只会强化其独立自研芯片的决心"[21]。

制裁在刺激中国快速实现半导体自研的同时，也对中国以外的科技公司产生了不利影响。中国在过去20年里一直是最大的计算机芯片市场，也是理想的高科技制造基地。近年来，美国半导体行业超过三分之一的收入来自中国的销售收入。[22]这些收入反过来又投资研发周期，催生了令人叹服的创新速度。美国似乎选择了一种"双输"战略，放弃了过去几十年来给双方带来巨大利益的合作框架。

美国借助制裁来获得竞争优势的另一个领域是太阳能。中国是世界上遥遥领先的最大的太阳能生产国，装机容量达254吉瓦，是美国的3倍多，而且增长迅速。[23]中国还生产了全球市场上的大部分多晶硅（生产太阳能板的一种关键材料）。

由于无法在价格或生产力上进行竞争，美国对中国太阳能电池板行业的大零件实施制裁[24]——表面上的原因是制造商在新疆使用了所谓的"强迫劳动"，尽管这一说法毫无证据，并已被彻底揭穿。[25]这是极其不负责任、极为短视的做法。西方大国应该与中国和其他国家密切合作，共同开发和部署清洁能源，而不是为了眼前的经济利益而实施制裁。

团结起来，共同反对霸权主义

中国是反对西方非法制裁政策的主要声音，始终利用其在国际论坛（包括联合国安理会和二十国集团）中的地位来反对单边主义和霸权主义。中国还和世界其他国家一起，呼吁结束对古巴的封锁。2021年，中国外交部发言人敦促美国根据《联合国宪章》宗旨和国际关系基本准则，立即全面取消对古巴的单边制裁，他还说，中国"反对以军事、政治、经济或其他手段对他国实施单边强制措施"。[26] 中国一贯反对单边制裁朝鲜[27]、津巴布韦[28]、厄立特里亚[29]、阿富汗[30]、委内瑞拉[31]、尼加拉瓜[32]、叙利亚[33]、伊朗[34]和白俄罗斯[35]。

坚决反对制裁、战争、干涉和霸权主义，奉行多边主义，支持《联合国宪章》原则，坚持在平等、友好、团结和互利基础上同世界各国交往，中国是发展新型多极国际关系体系不可或缺的力量。这种理念框架是世界各国人民所迫切需要的，我们这些生活在帝国主义腹地的民众应全力以赴地支持它。

"终结国内外的战争"，2022年9月

尾注：

[1] Deng, X. 1987, "We Must Tell Our Young People About China's History", *Marxist Internet Archive*, accessed 08 January 2022, https://www.marxists.org/reference/archive/dengxiaoping/1987/74.htm.

[2] Sandbu, M. 2021, "Jeffrey Sachs: 'I see no financial obstacles to getting to net zero by 2050'", *Financial Times*, accessed 08 January 2022, https://www.ft.com/content/ab219fefeece463e9b3c6e4813d5effe.

[3] Delaney, R. 2017, "Kissinger urges greater cooperation with China as 'the world's centre of gravity'shifts", *South China Morning Post*, accessed 09 January 2022, https://www.scmp.com/news/china/policiespolitics/article/2112957/kissingerurgesusboostcooperationbeijingmassive.

[4] Clinton, H. 2011, "America's Pacific Century", *Foreign Policy*, accessed 09 January 2022, https://foreignpolicy.com/2011/10/11/americaspacificcentury/.

[5] Feith, D. 2016, "Trump Would Make China Great Again", *Wall Street Journal*, accessed 09 January 2022, https://www.wsj.com/articles/trumpwouldmakechinagreatagain1461258110.

[6] Hansson, L. 2022, "Uyghur Forced Labor Prevention Act becomes

law", *Reed Smith*, accessed 09 January 2022, https://www.reedsmith.com/en/perspectives/2022/01/uyghurforcedlaborpreventionactbecomeslaw.

〔7〕Madhani, A. 2021, "U.S. imposes sanctions on China over human rights abuses of Uighurs", *PBS*, accessed 09 January 2022, https://www.pbs.org/newshour/world/usimposessanctionsonchinaoverhumanrightsabusesofuighurs.

〔8〕Wintour, P. 2021, "US and Canada follow EU and UK in sanctioning Chinese officials over Xinjiang", *The Guardian*, accessed 10 January 2022, https://www.theguardian.com/world/2021/mar/22/chinarespondstoeuuksanctionsoveruighurshumanrights.

〔9〕Steinhaeuser, I. 2021, "How human rights sanctions need to evolve for everyone's benefit", *Thomson Reuters*, accessed 10 January 2022, https://www.thomsonreuters.com/enus/posts/newsandmedia/magnitskyacthumanrightssanctions/.

〔10〕Mather, V. 2022, "The Diplomatic Boycott of the Beijing Winter Olympics, Explained", *New York Times*, accessed 10 January 2022, https://www.nytimes.com/article/diplomaticboycottolympics.html.

〔11〕Foreign Relations of the United States, 1969-1976, Volume XXI, Chile, 1969-1973 Document 93, Office of the Historian, accessed 10 January 2022, https://history.state.gov/historicaldocuments/frus196976v21/d93.

〔12〕Kynge, J. 2020, "US and China: edging towards a new type of cold war?", *Financial Times*, accessed 06 June 2021, https://www.ft.com/content/fe59abf8cbb84931b22456030586fb9a.

〔13〕Eurispes academic report: Xinjiang – understanding complexity, building peace, Friends of Socialist China, accessed 10 January 2022, https://socialistchina.org/2021/06/03/eurispesacademicreportxinjiangunderstandingcomplexitybuildingpeace/.

〔14〕"Have you been lied to about Xinjiang, human rights - and China?", *International Action Center*, accessed 10 January 2022, https://iacenter.

〔15〕Porter, G.; Blumenthal, M. 2021, "US State Department accusation of China 'genocide' relied on data abuse and baseless claims by farright ideologue", *The Grayzone*, accessed 10 January 2022, https://thegrayzone.com/2021/02/18/usmediareportschinesegenocidereliedonfraudulentfarrightresearcher/.

〔16〕Pan, C. 2021, "US China tech war: China to overtake America in core 21st century technologies within next decade, Harvard report predicts", *South China Morning Post*, accessed 12 January 2022, https://www.scmp.com/tech/techwar/article/3159107/uschinatechwarchinaovertakeamericacore21stcentury.

〔17〕Lamb, K. 2021, "U.S. seeks to engage in tech war by strangling China's semiconductor industry", *CGTN*, accessed 12 January 2022, https://news.cgtn.com/news/20211123/UStowageatechwarbystranglingChinassemiconductorindustry15q13B7M1uE/index.html.

〔18〕Schneider, J. 2021, "Will China Hit Back on Chips?", China Talk, accessed 13 January 2022, https://chinatalk.substack.com/p/willchinahitbackonchips.

〔19〕Fried, I. 2019, "Huawei's smartphone effort takes a giant hit", Axios, accessed 13 January 2022, https://www.axios.com/huaweissmartphoneefforttakesagianthit03390bfcbb304465b1772dc17d9469f1.html.

〔20〕Ibid.

〔21〕Desai, R. 2021, "A dangerous dialogue", *CGTN*, accessed 13 January 2022, https://news.cgtn.com/news/20211126/Adangerousdialogue15v2s5XVslO/index.html.

〔22〕Ibid.

〔23〕Installed solar energy capacity, Our World In Data, accessed 14 January 2022, https://ourworldindata.org/grapher/installedsolarpvcapacity?country=CHN~IND~USA~Europe.

〔24〕Angel, R. 2021, "US bans target Chinese solar panel industry over Xinjiang forced labor concerns", *The Guardian*, accessed 14 January 2022, https://

www.theguardian.com/world/2021/jun/25/usbanstargetchinesesolarpanelindustryoverxinjiangforcedlaborconcerns.

〔25〕"Rumors of 'forced labor' in Xinjiang refuted", *Global Times*, accessed 14 January 2022, https://www.globaltimes.cn/content/1182815.shtml.

〔26〕O'Connor, T. 2021, "China Backs Cuba in Saying US Should Apply Sanctions To Itself", *Newsweek*, accessed 14 January 2022, https://www.newsweek.com/chinabackscubasayingusshouldapplysanctionsitself1612735.

〔27〕"China opposes 'unhelpful' unilateral U.S. sanctions on DPRK", *CGTN*, accessed 14 January 2022, https://news.cgtn.com/news/20220113/DPRKissanctionedbyBidenforfirsttimeaftermissiletests16MqSSqFanK/index.html.

〔28〕Liu, C. 2021, "China, African countries call on US to remove illegal sanctions on Zimbabwe", *Global Times*, accessed 14 January 2022, https://www.globaltimes.cn/page/202110/1237275.shtml.

〔29〕"China stands against any unilateral sanctions on Eritrea: Chinese FM", *Global Times*, accessed 14 January 2022, https://www.globaltimes.cn/page/202201/1245253.shtml.

〔30〕"Chinese top diplomat calls on US, other Western countries to lift sanctions on Afghanistan", *TASS*, accessed 14 January 2022, https://tass.com/world/1354583.

〔31〕"China Ratifies Its Rejection of US Sanctions Against Venezuela", Telesur, accessed 14 January 2022, https://www.telesurenglish.net/news/ChinaRatifiesItsRejectionofUSSanctionsAgainstVenezuela202109270007.html.

〔32〕Foreign Ministry Spokesperson Wang Wenbin's Regular Press Conference on January 12, 2022, Ministry of Foreign Affairs of the People's Republic of China, accessed 14 January 2022, https://www.fmprc.gov.cn/eng/xwfw_665399/s2510_665401/202201/t20220112_10481428.html.

〔33〕Zhou, L. 2021, "China says Syria needs end to US sanctions, not a colour revolution", *South China Morning Post*, accessed 14 January 2022, https://

www.scmp.com/news/china/diplomacy/article/3142089/chinasayssyrianeedsussanctionsnotcolour-revolution.

〔34〕Reuters Staff 2021, "U.S. should lift Iran sanctions, including on China Chinese envoy", *Reuters*, accessed 14 January 2022, https://www.reuters.com/article/iran-nuclearchinaidUKL1N2SK2OY.

〔35〕Majeed, Z. 2021, "Belarus Strengthens Ties With 'ironclad Friend' China As West Slaps Sanctions On Regime", *Republic World*, accessed 14 January 2022, https://www.republicworld.com/worldnews/europe/belarusstrengthenstieswithironclad-friendchinaaswestslapssanctionsonregime.html.

美国制裁将使中国更加强大

［中国香港］李小轩（Lee Siu Hin）

五年来，随着美国的衰落和中国的和平崛起，美国迅速制定了莫名其妙、歇斯底里的反华政策。从特朗普到拜登，不管共和党人还是民主党人、不管新保守派还是"进步派"，现在都完全专注于反华和恐俄，而不是为美国民众和全球社会做任何建设性的事情。

从永无休止的制裁，包括针对华为的制裁，他们开始散布中国共产党在美国发展"高科技"间谍的谣言。他们大搞"炮舰外交"，派航母到南海、东海恐吓中国，通过各种操作企图挑起民族和社会矛盾。美国的这些做法不但没有伤害到中国，反而损害了自己的国内安全。然而，这似乎并不能让美国停下反华脚步。现在他们的最新举措是"芯片和科学法案"（CHIPS and Science Act，又称"芯片法案"）。

何为"芯片和科学法案"？

当我第一次从媒体上听到这个由字母（CHIPS）组成的标题时，我以为指的是1977年关于加州公路巡逻队的热门电视剧《加州公路巡警》①。然而，它指的是华盛顿特区的另一项快餐式法案，由华盛顿环城快道内部的精英出于自己偏执的目的而炮制，就像时髦的电话营销炒作一样，充满了动人的辞藻和煽动恐惧的种族主义仇恨，但没有任何实质性内容，也没有保证实施的落实机制。

"芯片和科学法案"获得了美国国会两党的批准，并于8月9日由拜登总统以光速签署。这一法案的实施需要投入2800亿美元的巨资，其中包括240亿美元的税收减免和用于未具体说明的2000亿美元未来研发支出，以及未来五年内国务院每年1亿美元的拨款。美国已拨款527亿美元（占总预算的19%），计划将半导体芯片制造转移到美国，（如媒体所说的）远离东亚目前的生产中心。就像华盛顿特区其他听起来"好得令人难以置信"的法案一样，在大肆宣传之下，"大型科技公司"（Big Tech）②可以大赚其钱。

公平地说，如果这项法案能够真正有助于重启商业芯片制造业，让一些高薪、技术要求高的工作岗位回流美国社区，这对美国来说将是一个好消息，因为目前芯片制造业大部分已离开美国转移到亚洲。然而，这是出于纯粹的冷战、零和思维。白宫表示，依托"芯片和科学法案"，美国可以降低成本、创造就业机会，强化供应链，同时，它的目的是"反华"。

据白宫新闻稿，"芯片和科学法案"的首要目标是推进"美国"在技术领域"全球领先"。这是一个告诫世界，没有任何国家能够超越美国的摹因（Meme）[1]。该法案的关键条款迫使接受美国资金或与美国有业务往来的芯片制造公司停止与中国开展业务。中国被贴上"邪恶"的标签，因为中国正在迎头赶上。

右翼和左翼自由媒体和智囊团强化了这番"有毒"的辩解。8月12日，美国国家公共广播电台采访了华盛顿智库中美研究所（Institute for China-America Studies，ICAS）的苏拉布·古普塔（Sourabh Gupta）。古普塔的讲话充

---

① 英文是CHiPs，即California Highway Patrols。——译者注
② 指的是美国的五大科技巨头：苹果公司（Apple）、字母表公司（Alphabet）、亚马逊（Amazon）、Meta公司（原名Facebook）、微软（Microsoft）。——译者注

斥着"让美国再次伟大"（Make America Great Again，MAGA）型的"美国优先"说辞。他说，我们美国只需要生产一定数量的芯片，就不怕威胁，就不怕东亚发生战争或出现大规模供应链混乱。该法案的关键条款迫使想要与美国公司开展业务或接受美国资金的芯片制造公司停止与中国开展业务。

借助这种以经济帝国主义包装下的制裁，美国使用"胡萝卜加大棒"政策有效地阻止了中国从美国获取最新的芯片制造技术或产品。中美研究所的古普塔表示，"这无异强化了美国（在全球芯片领导上）的地位"。它迫使目前与中国有着良好业务关系的东亚制造商不得不诚惶诚恐地请求美国政府允许他们在美国国内生产尖端芯片，或者在美国生产仅供美国使用的芯片的同时，继续在中国生产传统芯片。古普塔总结道，这样，尖端芯片技术"就不会渗透到中国，也根本不会提升中国的产能"。[2]

这一讲话带有非常明显的种族主义色彩，因为其潜在逻辑是只有"美国白人"才配拥有最好的东西，其他人想都不要想！对于其他国家（包括中国）来说，最好的结局就是老老实实地给白人老板打工。

这不仅仅是经济利益问题。美国担心无法继续利用技术监视和控制全世界。这就是美国对华为的崛起感到恐惧并在各条战线上对这家中国科技巨头发动卑鄙战争的根本原因。美国还对在中国极受欢迎的字节跳动在美国的公司 TikTok 挥舞大棒，因为该应用程序的全球影响力已超过 Facebook 和 YouTube。美国前总统特朗普差一点就成功迫使中国将该平台卖给美国。除此之外，如果中国很快就能制造顶级芯片，美国将无法继续控制全世界民众每天使用的移动设备，因此，他们不择手段地对抗中国势不可当的科技崛起。

正如爱德华·斯诺登（Edward Snowden）所揭露的那样，美国一直在系统性地利用技术来监视美国和世界各地的每个人。每个美国制造的设备都有一个"漏洞"，允许中央情报局/国家安全局侵入手机，监视和跟踪用户。美国软件有一个"后门"，允许政府进入私人账户、读取个人文件和私人消息，或者轻松侵入操作系统安装间谍软件来操纵或瘫痪设备。美国机构可以利用其互联网力量，通过美国社交网站在世界各地发动信息战和"颜色革命"。

如果中国能够提供可替代的高科技产品，那么美帝国主义的所有这些机会都将消失。中国的技术标准与美国不同，这让他们很难侵入系统。美国将无法继续做全世界的"偷窥狂"，也无法继续利用科技来控制和敲诈任何地方的任何人。这正是美国所担心的。

巨大的代价让美国无法继续和中国展开芯片竞争

拜登签署"芯片和科学法案"后不久，中国外交部发表声明，坚决反对这项法案，称其将扰乱国际贸易，扭曲全球半导体供应链。

"芯片和科学法案"的初衷是提振美国半导体制造业，然而，许多专家和行业人士对该法案并没有那么乐观。它不是让商业、科学和专家团体通过国际合作开发可行的解决方案，而是包含许多极具限制性的规定。

"芯片和科学法案"的本质在于，它为半导体生产回流美国提供了政府激励措施。目前几乎所有美国芯片制造商，包括英特尔、美光、德州仪器以及其他全球主要芯片制造商，如韩国三星和中国台湾台积电（台湾积体电路制造有限公司），都在中国和/或东南亚拥有自己的制造企业或合资企业。这些制造基地占全球产能的70%。

然而，该法案的主要问题是，要想获得公共投资，必须满足一个条件：工厂必须建在美国，而不是中国。未来十年，芯片企业不得扩大在中国的产能。据中国《每日经济新闻》[3]报道，该法案增加了与中国相关的条款，阻碍中国先进制造工艺的发展。为了维持美国所谓的技术领先地位和供应链安全，财政援助的接受者必须同意禁止中国半导体制造业的大幅扩张。这些限制政策适用于所有新工厂，除非这家工厂主要为美国生产"传统半导体"。

简而言之，这是一个非此即彼的条款，禁止接受联邦资助的公司在十年内大幅增加中国境内先进工艺芯片的产量。

毫无疑问，"芯片和科学法案"只是另一个政治噱头。美国打算对中国发动一场成本高昂的芯片竞争。他们想用"胡萝卜"（金钱）和"大棒"（制裁）迫使美国和其他国家的企业在中国周围竖起科技"铁幕"，从而有效地将当前的全球芯片供应链一分为二（美国/世界与中国）。

然而，美国是否有能力将全世界拉入"芯片大战"，值得怀疑。更重要的是，美国可能想通过各种限制来遏制中国半导体行业的发展，但"这可能只会导致更多的供应链中断。随着美国越来越滥用各种出口管制和限制，它实际上是在自寻风险，破坏自己的供应链"，中国《环球时报》表示。[4]

催生"芯片和科学法案"的另一个问题是美国产能在下降。美国仍然是芯片制造关键技术的主要供应商，包括电子设计自动化工具（EDA工具）、许多先进设计及其知识产权专利。然而，大多数最终的芯片产品并非在美国制造，美国制造的芯片仅占全球芯片市场份额的10%。多年来，中国已深入全球供应链，几乎所有芯片制造商都在中国完成芯片的封装和测试。

"芯片和科学法案"并没有解决美国晶圆制造衰退的根本问题。晶圆制造是芯片制造的关键工艺之一。中国《每日经济新闻》最近报道称，根据"芯片和科学法案"，美国很可能搬起石头砸自己的脚。[5]《每日经济新闻》认为，通过补贴美国本土晶圆厂、限制中国先进工艺，美国无法实现既定目标。在先进芯片制造工艺方面，真正的竞争对手是韩国和中国台湾，而中国大陆则凭借成熟的芯片技术制造而蓬勃发展。

中国是全球半导体行业最大的市场，拥有发达的制造环境，包括许多高技术工人、研发中心和投资资本。所有这一切都让中国有足够的空间来发展自己本土的芯片技术，并与站在中国一边的全球参与者合作，冲破美国的无情封堵。"中国不必走与美国相同的芯片发展道路"，《环球时报》前一年的另一篇文章断言，"任何将中国从价值链中剔除的尝试都将陷入死胡同"。[6]

中国每年要进口价值近4000亿美元的芯片，比进口原油的费用还要高。美国制造商有充分的理由将其产品的最终生产转移到中国。俄罗斯卫星通讯社（Sputnik）分析称，无论美国采取什么手段遏制中国科技产业的发展，都会直接损害美国企业的利益。早在2019年，美国首次对华为、高通、英特尔、美光科技等公司实施限制，就损失了100亿美元的收入，相当于所有中国企业全年在电子元件上的总支出。

华尔街并不认为"芯片和科学法案"是一项"好"法案。该法案出台后，美国芯片公司股价不升反降。根据《每日经济新闻》报道，8月9日，拜登签署法案当天，费城半导体指数（由主要从事半导体设计、分销、制造和销售的30家最大公司组成）收于2866.90点，下跌4.57%，高通下跌3.59%，博通下跌2.33%，美光下跌3.74%，英特尔下跌2.43%。[7]

多种迹象表明，该法案只会浪费大量资金，对美国半导体行业和供应链弊大于利。从长远来看，它不可能打败中国。那么美国为何如此不顾一切地推动这个法案呢？毫无疑问，为了即将到来的选举。"芯片和科学法案"将使美国许多政客和投资者能够快速轻松地赚到钱。

腐败、谎言和录像带

据俄罗斯卫星通讯社报道，英特尔或德州仪器等科技巨头是新法案的主要受益者。他们在未来五年有充足的机会吸引公共资金——这在美国这样的资本主义国家极为罕见。[8] 曾几何时，美国不断地挥舞"自由贸易"大旗，阻止其他国家补贴企业的出口生产（美国长期以来针对欧洲补贴空客的补贴战就是证明）。

除了商界之外，美国政界人士也将从该法案中受益，其中之一就是美国政府三号人物、华盛顿特区最有权势的政治寡头之一南希·佩洛西（Nancy Pelosi）。最近，她于8月2日至3日进行了带有挑衅意味的"访问"。她的中国台湾之行遭到中方的强烈谴责。这是几十年来以强硬、鹰派和歇斯底里的反共/反华立场而闻名的佩洛西在中期选举前的最后一次亚洲之行。

不过，反华政治炒作的背后，她的政治之旅后来被一些美国和外国媒体曝光：她利用公共资源帮助儿子实现私人商业利益。

据《环球时报》8月13日报道，在她备受瞩目的亚洲之行中，美国媒体最初（有意）对她此行的照片/视频保持沉默，这些照片/视频清楚地表明代表团中有一位影子成员小保罗·佩洛西（Paul Pelosi Jr.）。小佩洛西是南希·佩洛西唯一的儿子，没有担任任何政府职务，也不是佩洛西的政治顾问。他并不在佩洛西亚洲代表团的正式名单中，这让台湾岛内政治人物和网民怀疑她是否有不可言说的秘密使命，比如，为家人谋取商业利益。

中国台湾地区前政治人物邱毅告诉《环球时报》，美国政客来到台湾岛一般有两个目的：获得财政支持，或者推进采购。佩洛西的窜访暴露了第三个目的——通过操纵金融和股市来中饱私囊。

邱毅表示，小保罗·佩洛西最重要的作用是当佩洛西和她身在美国的丈夫之间的联络人。"亚洲、美国和欧洲股市都受到佩洛西窜访中国台湾的影响。她的儿子基本上跟随父亲进入了金融行业，管理金融运营、并购业务。因此，这里显然存在重大股票内幕交易嫌疑。丈夫在美国经营生意，佩洛西负责搅事，儿子则担任佩洛西的助手。"该专家在向《环球时报》讲述佩洛西那次中国台湾之行时如是说。

可以肯定的是，佩洛西的儿子在8月3日经人介绍认识台积电董事长刘德音后，谈到了与台积电的某笔交易。他总结说，这笔交易要么"与台积电在美国的投资有关，要么与购买台积电芯片有关"。此外，中国媒体报道称，佩洛西在新加坡、马来西亚和韩国的亚洲之行也让他获得一些与芯片业务有关的机会——就在拜登签署"芯片和科学法案"的前几天。

然而，佩洛西最大的财富却来自中国！这听起来太疯狂了，让人难以置信。然而，在她高喊反华言论的同时，她的丈夫保罗·佩洛西和儿子自20世纪90年代以来就公开频繁地前往中国，并赚了很多钱。据最新报道，他们在中国香港的中国投资基金已达174亿美元。他们在中国的投资针对的是很多国有企业和顶级IT公司，如阿里巴巴、美团、腾讯、中国邮政储蓄银行、拼多多等。

他们持有Slack、特斯拉（Tesla）、迪士尼（Disney）、Visa、Salesforce、PayPal、字母表公司（Alphabet）、脸书（Facebook）和奈飞（Netflix）等公司的股份，这些公司每年总共花费数千万美元游说联邦政府。此外，据《内幕消息》（*The Insider*）报道，保罗·佩洛西自2021年以来进行的股票交易涉及美国半导体公司美光和英伟达。这些公司肯定会从最近的"芯片和科学法案"中受益。

为什么"芯片和科学法案"会失败？

1990年，美国半导体产量占全球半导体产量的37%以上。据《中国日报》报道，据统计，如今，美国生产的高端半导体约占全球半导体产量的12%，其中包括中国在内的亚洲经济体占据了更大的市场份额。[9]很多专家指出，"芯片和科学法案"虽然实际上是针对中国实施的"芯片制裁"，但这种制裁只能产生短期影响（中国需要一段时间来发展自己的尖端半导体供应链来迎头赶上）；从长远来看，美国将搬起石头砸自己的脚。

美国的这些做法没有道德可言，身居环城高速内部和华尔街的每一位精英投资者口头上支持"反华"事业，只是为了谋取私利。联系他们对类固醇的制裁（将涌入大量资金），这只会对美国产生短期的有利影响，也许可以持续到2022年中期选举或2024年总统选举（如果还有资金用于炒作的话）。然而，就像2021年11月拜登提出的2万亿美元巨额基础设施计划最终无果而终一样，"芯片和科学法案"也将遭遇同样的命运：资金用完后，炒作也将戛然而止。

人民抵抗运动（Popular Resistance），2022年9月

尾注：

［1］White House Press Release, https://www.whitehouse.gov/briefingroom/statements-releases/2022/08/09/factsheetchipsandscienceactwilllowercostscreatejobs-strengthensupplychainsandcounterchina/.

［2］NPR: "Why Biden's plan to boost semiconductor chip manufacturing in the U.S. is so critical", https://www.npr.org/2022/08/12/1116798029/semiconductorchinabidenlaw-manufacturingsupplychaintradewartechnology.

［3］《2800亿美元〈芯片法案〉，究竟安的什么心？》，2022/08/15，https:// new.qq.com/rain/a/20220815A005V900.

［4］GT Voice: "US cannot afford to engage in a 'chip war' against China",

2022/08/14, https://www.globaltimes.cn/page/202208/1272946.shtml.

〔5〕《2800亿美元〈芯片法案〉，究竟安的什么心？》，2022/08/15，https://new.qq.com/rain/a/20220815A005V900.

〔6〕GT Voice: "China won't be coerced by US's 'chip war' hype", https://www.globaltimes.cn/page/202104/1220372.shtml, 4/6/2021.

〔7〕《2800亿美元〈芯片法案〉，究竟安的什么心？》，2022/08/15，https://new.qq.com/rain/a/20220815A005V900.

〔8〕《520亿美元补贴能帮助美国赢得与中国的芯片竞赛吗？》，2022/08/12，https://sputniknews.cn/20220810/1042996537.html.

〔9〕"Washington's bid for bigger chip pie share will hurt itself", https://global.chinadaily.com.cn/a/202208/15/WS62f98783a310fd2b29e72183.html, 8/15/2022.

古巴：世界谴责美国对古巴的封锁

［美］莫妮卡·摩尔黑德（Monica Moorehead）

2022 年 11 月 3 日，联合国大会以 185∶2 的压倒性多数票决定结束美国对古巴的罪恶封锁。这是自 1992 年以来联合国大会第 30 次否决对古巴制裁。这次历史性的投票几乎没有出现在《纽约时报》和《华盛顿邮报》等中产阶层大媒体的报道中。

这次封锁由肯尼迪政府于 1962 年 2 月 2 日首次实施，自该日起禁止美国与古巴人民进行贸易和金融交易，包括药品和其他必需品。

这次封锁是美国对古巴的惩罚，因为古巴于 1959 年 1 月 1 日进行了由一个名叫"7·26"运动的组织领导的社会主义革命，推翻了军事独裁者富尔亨西奥·巴蒂斯塔（Fulgencio Batista）的美国傀儡政权。

联合国的投票具有象征意义，不具约束力，因为只有美国国会才能解除封锁。这次投票真切地表明美国越来越孤立于世界其他国家。

毫不奇怪，唯一对题为《必须终止美利坚合众国对古巴实施的经济、商业和金融封锁》(Necessity of Ending the Economic, Commercial and Financial Embargo Imposed by the

United States of America Against Cuba）的 A/76/405 号决议投了反对票的国家是美国及其坚定盟友——以色列。乌克兰和最近在全国选举中失败的巴西博索纳罗（Jair Bolsonaro）政府投了两张弃权票。

11 月 2 日和 11 月 3 日，各国代表纷纷讲话，支持结束对古巴的封锁。这是一种侵犯人权的行为，与包括国家主权在内的多项联合国宣言背道而驰。

来自世界各国的代表对古巴向 40 多个国家派遣了近 60 个医疗队表示赞赏，特别是在疫情期间。尽管封锁给古巴人民带来了苦难，然而，除了医疗援助，古巴还向其他国家提供了很多其他支持活动。

经济封锁的巨大破坏

11 月 3 日，古巴外交部长布鲁诺·罗德里格斯·帕里利亚（Bruno Rodríguez Parrilla）在联合国大会上发表了一份长达 25 分钟的报告，概述了对古巴封锁的历史和当前对古巴的影响。他的报告赢得了与会代表的热烈掌声。据《格拉玛报》（*Granma*）[①] 报道：

> 报告指出，仅在 2021 年 8 月至 2022 年 2 月，单边政策就给古巴造成了约 38.065 亿（超过 38 亿）美元的损失。这一数字比 2021 年 1 月至 7 月期间的数字高出 49%，在短短 7 个月里创下了新高。
>
> 按目前价格计算，对古巴长达 60 年的封锁造成的损失累计达到 1504.108 亿美元（超过 1.5 万亿美元），除了对国民经济和古巴民生造成损害外，对卫生和教育等部门也造成了巨大冲击。
>
> 根据上述报告（11 月 3 日），仅在拜登执政的前 14 个月，美国对古巴封锁造成的损失就达 63.64 亿美元（超过了 63 亿美元），相当于每月超过 4.54 亿美元，每天超过 1500 万美元。

---

① 古巴共产党中央委员会的机关报，为古巴第一大报。——译者注

美国侵犯人权的行为

当美国政务顾问约翰·凯利（John Kelley）在投票后批评古巴"侵犯人权"时，古巴驻联合国代表尤里·加拉（Yuri Gala）做了有力的驳斥。

加拉表示："古巴不需要民主和人权方面的说教，更不需要美国的说教。如果美国政府真的关心古巴人的福利、人权和自决，可以解除封锁。"

加拉随后列举了美国侵犯人权的事实，使用了大规模监禁方面的统计数字，其中包括大量的非洲裔美国人、移民和未成年人，以及警察杀害有色人种的情况。

《工人世界》（Workers World），2022 年 11 月

古巴：2022年联大投票
——华盛顿蒙羞，对古巴制裁取消*

[美] 伊克·那赫姆（Ike Nahem）

自1992年以来，联合国大会已连续30次以压倒性多数投票支持古巴提出的一项决议，题为《必须终止美利坚合众国对古巴实施的经济、商业和金融封锁》（见N2263517.pdf）。伴随而来的是联合国秘书长提交的一份详尽的官方报告，列出了很多国家对美国的严厉批评（见N2128802.pdf）。

国际道义和政治屏障

这第30次联大连续投票显然"不具约束力"。也就是说，它没有针对美国政府的惩罚性执法措施，也没有反措施来限制或阻止美国实施非法（按照联合国自己未执行的标准）域外封锁措施。尽管如此，在古巴人民、国家和政

---

* 摘自国际美国—古巴正常化委员会联盟（International US-Cuba Normalization Committee Coalition）网站上的同名文章，见 https://www.us-cubanormalization.org/vivacuba/theemperorhasnoclothes/USCuba。

府的英勇抵抗以及古巴国际团结力量努力的框架内，联合国的年度行动是国际道义和政治屏障的重要组成部分，而这种屏障是美国直接入侵和军事干涉的主要障碍。

让全世界感到愤慨的是，2020 年初新冠疫情暴发后，特朗普的共和党政府和拜登的民主党政府一直在强化从 2017 年开始直到今天的对古巴的封锁。

持续地（对古巴的）封锁让华盛顿彻底陷入孤立

华盛顿早已不再虚伪地掩饰它在这场反对古巴的惩罚性活动中采取的立场，也懒得再为制裁古巴找借口。美国联合国发言人用一堆谎言和半真半假的信息来"解释"美国的投票，充满诡辩之辞。

少数支持华盛顿（最后两次投票只有以色列支持美国）或弃权的国家（2022 年的乌克兰和巴西）从未发言声援华盛顿，也没有发出任何声音。

特朗普和拜登都有共同的反古观点，不乏政策的连续性。面对疫情，两人都痴迷于强化封锁的效果！——扼杀古巴这个民族国家（古巴恰好是一个社会主义国家）。从德怀特·艾森豪威尔到约瑟夫·拜登的历届美国政府的目标——只有巴拉克·奥巴马（Barack Obama）的白宫和国务院领导的政府在 2015 年至 2016 年短暂停顿，在双边正常化方面取得了一些有限的进展——以及两党控制的国会 60 多年来的目标—— 一直都是推进古巴社会和经济的崩溃，在古巴建立一个屈服于美帝国主义的新殖民政府。

美国—古巴正常化委员会联盟，2022 年 11 月

伊朗：获得的启示

[伊朗]哈米德·沙赫拉比（Hamid Shahrabi）

本文的目的不是详细讲述非法制裁犯下的罪行，而是提醒人们注意从中获得的启示，重点是如何有效应对此类犯罪政策。不过，在此之前，考虑到我是伊朗人，我先讲一讲伊朗的情况。

对伊朗的制裁

美国政府扶植和全力支持的巴列维独裁政权被推翻后，伊朗一直是帝国主义制裁的主要目标。制裁是美国侵略伊朗的众多方案中的一种工具——这些方案包括但不限于试图通过1980年4月24日的塔巴斯行动（Operation Tabas）直接进行军事干预、支持伊拉克对伊朗的军事侵略（1980—1988）以及支持成千上万无辜者被杀害的恐怖主义行为——对伊朗的制裁已经持续了40多年，给这个国家带来了巨大的痛苦。

2021年4月6日，"美国国会研究服务处"（Congressional Research Service，CRS）更新了一份98页的报告，详细介绍了伊朗被制裁的情况。该报告说：

2011—2015 年，在美国蓄意实施的政策下，全球经济制裁导致伊朗经济萎缩，原油出口下降 50% 以上，无法使用海外的外汇资产。

"美国国会研究服务处"的报告摘要列出了对伊朗的一长串制裁措施，接着说：

> 特朗普政府对伊朗施加"最大压力"的政策……导致伊朗经济陷入严重衰退，部分原因是石油销售收入减少、被孤立于国际金融体系之外。

2019 年 10 月 29 日，"人权观察组织"（HRW）发布另一份报告，详述了制裁对伊朗人民健康的影响：

> 美国加大制裁力度的后果……对伊朗人的健康权和获得基本药物的权利构成严重威胁，几乎肯定导致了记录在案的药品短缺，从癫痫关键药物的缺乏到伊朗癌症患者化疗药物的紧缺。

因此，伊朗人获得基本药物和健康的权利受到了冲击。如果情况不改变的话，很可能会恶化，威胁数百万伊朗人的健康。

特朗普自豪地称之为"最严厉的国家制裁"给伊朗人造成的痛苦当然不限于上述文件所揭示的内容。美国通过自由的国际贸易、经济制裁、银行和金融制裁冻结了伊朗数千亿美元的收入，同时推高了失业率，引发通货膨胀，导致伊朗工薪阶层和中下阶层数千人死亡，数百万人陷入贫困。

全世界三分之一的人口遭受着美国制裁

伊朗只是目前受到非法、不人道的帝国主义制裁影响的总人口占全球三分之一的约 40 个国家之一。制裁造成的患病和死亡人数仍有待评估。想一想过去几十年古巴、朝鲜、伊朗、巴勒斯坦、叙利亚、伊拉克、黎巴嫩、利比亚、委内瑞拉、前南斯拉夫、津巴布韦等受制裁国家数百万人因制裁而死亡，就可以更好地理解制裁导致的大规模种族灭绝。

如果要举一个制裁造成大规模杀戮的例子，那么请看：1995年12月1日，《纽约时报》报道，自波斯湾战争结束以来，由于联合国安理会实施的经济制裁，可能有多达57.6万名伊拉克儿童死亡。这一信息来自受粮食及农业组织（Food and Agriculture Organization，FAO）委托调查该国情况的科学家。读者可能会注意到，粮食及农业组织隶属于联合国。还值得注意的是，这种野蛮制裁不仅由美国及其欧洲盟国实施，而且还得到了联合国安理会的支持。根据相关宪章和宣言，联合国安理会是重要国际机构，其职责是维护和平与人民的生活权利！帝国主义者又如何看待这种暴行呢？美国前国务卿马德琳·奥尔布赖特（Madeleine Albright）回应："这是值得的！"非常清楚的一点是，傲慢的帝国主义者对于普通人的生命价值、霸权利益的态度，没有比这说得更到位了。

然而，这里仍然有一个问题：实施了种族灭绝式制裁的霸权国家是如何让自己免于受惩罚的？回答这个问题过程中，我们可以得到直面制裁的第一个启示。

第一个启示——谎言和欺骗以及揭露真相的必要性

帝国主义的制裁源于并服务于霸权利益。为了维护自己的地位，保护其物质利益，帝国主义者不会容忍反抗和挑战其统治的反抗活动。胆敢这样做的国家注定会受到严厉、残酷的惩罚。两种主要的惩罚工具是战争和制裁，二者往往相辅相成。

显然，要实施制裁，他们就不能说出真相，即让亿万民众受苦受难，是为了维持和强化他们的霸权。于是，他们利用自己强大的媒体机构散布谎言，蒙蔽舆论。在这种情况下，受制裁国家的政府因违背帝国主义指令，犯下了"不可原谅的罪行"，因此被妖魔化，被描绘成侵犯人权、破坏民主的异端。帝国主义者利用战争和制裁进行了无数次大规模"屠杀",策划了数十起军事政变来推翻民选政府,还训练施刑者和敢死队,这些毫无人性的恶棍大言不惭地向我们大讲民主和人权,用夸张的民主、人权等口号为自己的罪行辩解!

因此,揭露帝国主义的谎言和欺骗只有一个办法,那就是:揭露真相。为此,我们需要支持、强化和扩大替代媒体,进一步利用社交媒体,出版书籍和小册子,组织会议、论坛和研讨会。我们必须不断地参与"思想战"(Battle of Ideas),如同当年最伟大的解放者之一菲德尔·卡斯特罗(Fidel Castro)一样。在人们心目中,卡斯特罗就是挑战那个巨大帝国的杰出自由战士的化身。

正是因为这一点,"制裁即杀戮"运动广获支持。这是一项持续不断的活动,目的是提高人们对制裁的认识,并勇于站出来反对它。

第二个启示——最广泛的联合行动

联合行动对于抵制制裁是必不可少的。各方力量之间无须就每个问题达成意识形态或方案上的一致,相反,以签名请愿或街头示威形式进行的反制裁行动可以广泛吸收各方力量参与——只要参与者就"停止制裁"这一单一问题达成共识。从这个意义上说,求同存异更有利于实施高效的反制裁行动。

帝国主义国家境内,特别是美国境内的反制裁联合行动非常重要,因为这些国家的政府是非法制裁的始作俑者。因此,这就是动员美国及其欧洲盟友公众舆论的紧迫性之所在。此类行动过去已显示出其有效性,但在这方面还有更大的潜力和影响有待挖掘。

考虑到制裁对人道主义、社会经济、政治、环境、心理和文化的影响,具有各种想法和利益诉求的民众和组织都可以加入联合反制裁行动。

第三个启示——宗派主义和派别主义是危害反制裁斗争的顽疾

令人遗憾的是,有些团体或个人仅仅因为不是反制裁活动的发起者或组织者而不愿加入联合反制裁行动。这种做法绝对要避免，因为这对任何斗争，包括反制裁斗争都是非常有害的。

第四个启示——被压迫者与压迫者之间的谈判

为了迫使受制裁者屈服于帝国主义的要求，屈服于霸权主义目标，帝国主义者还使用外交，更具体地说是"炮舰外交"或"霰弹外交"。这就是帝国主义压迫者如何利用谈判工具来协助他们统治被压迫民族的真相。历史上，这方面的例子有很多，最近的一个例子是美国与伊朗进行的核计划谈判。

尽管受制裁国家有绝对权利与对手进行谈判，以保护自己的权利，要求解除制裁，在谈判过程中，是否为了国家的全局利益而做出让步也由受制裁国家决定，但是，为了国家的全局利益，此类谈判的见证者不但应该站在受制裁国家一边，而且还应该抵制任何让受制裁国进一步让步的压力。

在这种情况下，和平活动人士应该提出明确的口号：立即无条件停止制裁。

第五个启示——消极被动和最少抵抗的错误政策

然后，还有其他人，甚至一些具有进步政治背景的人，主张采取最少抵抗的政策。他们的基本论点是，考虑到"权力论"——在资本主义影响下学界推崇的论点——挑战世界霸权体系应该是有限度的！这个限度是多少？他们的回应是：不质疑这一体系的根本，也不要为解放运动提供积极支持。尽管听起来很复杂，但是他们的办法很简单：缓和双方的紧张关系——仿佛反制裁运动是这种紧张关系的原因或根源，好像根源不是帝国主义体系要不断将各种紧张局势强加给人类社会。同样的被动路线，他们还有其他方案：只要来自帝国主义的压力达到危险的程度，他们就立刻让步。这种论调的鼓吹者完全忽视了相信帝国主义、向帝国主义侵略让步的致命程度。他们忽视了伊拉克、利比亚或埃及最近的经历，这些国家的政府信任帝国主义者，并在他们的高压下让步。

可以肯定的是，消极被动的态度和最少抵抗必然导致正义运动（包括反制裁的斗争）的失败。

第六个启示——受制裁国家群众的支持

众所周知，帝国主义的制裁意在引发受制裁国家民众的大规模骚乱进而推翻政府。美国民主党和共和党政府官员已多次承认这一点。鉴于这一事实，应对制裁最可靠的途径是加强受制裁国家政府和人民之间的联系。

需要再次强调的是，制裁会造成经济困难，进而引起人民群众的不满。面对如此不利的形势，受制裁政府不能失去人民的信任。否则，就无法成功挑战帝国主义制裁，受制裁政府的垮台最终将不可避免。同样的逻辑，应对制裁的唯一有效办法就是尽可能缓解制裁给民众的日常生活带来的巨大困难。尽管制裁会不可避免地带来物质上的短缺，但一定要尽力保障民众的基本社会服务，例如，食品、饮用水、就业和住房。反过来，这要求在国内政策方面，做好最大限度的经济规划，坚定依靠当地生产能力，承认和发展群众组织。在对外政策方面，则要强化与那些多少独立于帝国主义行为的国家的合作和经济联系。

制裁也会杀人！全世界要共同抵制制裁！

因此，采取切实措施维护人民福祉，控制与帝国主义勾结并充当其代理人的资产阶级上层，打击彻底摧毁人民信任的腐败现象，总之，信任和依靠人民群众的力量和能力是成功地与帝国主义霸权主义政策、特别是不人道的制裁政策作斗争的唯一安全途径。这将与国际层面有效的公共外交（例如古巴政府所体现的外交）一起，成为抵制制裁的典范。

第七个启示——受制裁国家之间的合作

从现实角度来看，受制裁国家在不同经济领域开展最广泛的合作非常重要。拉美之家（House of Latin America，HOLA）长期以来一直主张通过受制裁国家联合起来实现这一愿景，我们非常高兴地看到这方面采取的具体措施。

尽管伊朗和委内瑞拉都受到非法制裁，但最近伊朗和委内瑞拉之间在运输燃料和石油稀释剂方面的合作——此举受到了美国的密切关注——已经指明了前进的方向。同样，从伊朗经叙利亚（另一个急需燃料的受制裁国家）向黎巴嫩运输石油是一项大胆的行动，有力地表现出受制裁国家扩大经济合作，造福民生的愿望。这种行动的规模和范围可能因所有受制裁国家之间深入广泛的合作而呈指数级扩大，必将缓解帝国主义制裁的破坏性影响。俄罗斯等国家的加入以及强大的中国对此类合作的决定性支持将带来真正的突破，这是帝国主义制裁黑暗隧道尽头的曙光。

我们此时的使命：全力反对制裁。

"终结国内外的战争"，2022年9月

让阿富汗活下去!

［美］扎克·柯纳（Zach Kerner）

与美国政界人士和记者的说法相反，2021年8月，美国和北约从阿富汗撤军并不标志着美国所谓"永远战争"（Forever War）的结束，而是标志着美国政策的转变——从直接的军事干预和占领过渡到基于经济制裁和间接政治颠覆的政策。尽管策略发生了变化，但目标是相同的：利用针对阿富汗人民的阶级战争来积累财富和权力。

8月15日，喀布尔被塔利班攻陷几天后，华盛顿采取措施切断了新政府的资金流动，让阿富汗银行系统陷入瘫痪。美国财政部迅速发布冻结令，冻结阿富汗央行在纽约联邦储备银行等美国金融机构持有的近95亿美元资产。

尽管塔利班有权从国际货币基金组织获得超过4.6亿美元所谓"特别提款权"（Special Drawing Right，SDR）的货币储备，但是，在美国的强烈要求下，这些资金被冻结。值得注意的是，这些惩罚措施是"9·11"恐怖袭击事件后美国对塔利班实施的经济制裁之外的。

制裁的可怕后果

正如《工人世界》当时报道的那样："在一个四分之三的公共支出由援助资助的贫穷国家，扣押央行的资金并削减所有国际援助，让华盛顿获得了强大的影响力。美国的战略制定人士深谙冻结资金的影响，知道如何调整这一策略，给对方造成最大的痛苦。"

迄今为止，国际人道主义组织充分证明了这些制裁造成的完全可以预见的可怕后果，尽管它们不愿意将美国说成是责任者。

10月25日，联合国粮食及农业组织和联合国世界粮食计划署（World Food Programme，WFP）发布报告，敦促国际社会提供人道主义援助，疾呼阿富汗正处于"灾难倒计时"。报告称，超过50%的阿富汗人（其中包括超过300万五岁以下的儿童）将面临"危机"或"紧急"程度的严重粮食安全问题。

11月22日，联合国开发计划署（United Nations Development Progamme，UNDP）发布报告警告称，阿富汗金融和银行支付系统"一片混乱"，濒临崩溃。联合国开发计划署的报告援引国际货币基金组织的话预测，2021年至2022年阿富汗经济可能萎缩30%。

12月6日，国际危机组织（International Crisis Group）发布了一份措辞更为严厉的报告，报告称塔利班接管阿富汗政权后，西方的"经济绞杀"给阿富汗造成的"饥饿和贫困"可能"比过去二十年所有的炸弹和子弹杀死的阿富汗人还要多"。

也就是说，美国通过对阿富汗经济制裁来故意让阿富汗人民挨饿的政策正在按计划进行。正如许多人预测的那样，阻止塔利班从外部获得资金和援助导致阿富汗金融迅速崩溃，加剧了阿富汗持续的饥荒。

尽管塔利班成功迫使美国政府坐到多哈谈判桌前，并将美军赶出了阿富汗，但是，华盛顿仍然明确表示没有尊重阿富汗主权的计划。事实上，拜登政府对解除资产冻结请求的回应表明了美国外交政策的虚伪和冷酷。

2021年11月，塔利班在致美国国会的信函中一针见血地指出："我们人民面临的根本挑战是金融安全，这种问题的根源是美国政府擅自冻结我国民众的资产。"

美国对塔利班的军事胜利进行报复

美国阿富汗问题特别代表托马斯·韦斯特（Thomas West）在一系列推文中拒绝了塔利班的要求。韦斯特的推文充分证实，美国正在阻止"关键"国际援助到达阿富汗，以报复塔利班对美国的军事胜利。同时，韦斯特承认阿富汗的"经济"极大地依赖于援助，包括基本的民生。

此外，韦斯特用典型的资本家的口气，居高临下地告诫塔利班，"合法性和支持不是白来的"，还强调，如果塔利班学会"尊重少数族裔、妇女和女童的权利"，美国就会考虑取消严厉的制裁。

阿富汗代理外长阿米尔·汗·穆塔奇（Amir Khan Muttaqi）听出了其中的嘲讽，他对这种荒诞的逻辑提出了质疑："美国冻结了我们的资产，然后告诉我们它将向我们提供人道主义援助。这是什么意思？"穆塔奇重申了解冻阿富汗资产的要求："立即解冻这些资产。美国人现在和我们没有任何军事对抗。冻结资产原因何在？这些资产属于阿富汗人民。"

拜登政府没有表现出放松制裁的迹象。事实上，据报道，拜登政府考虑的是永久剥夺阿富汗人民应对当前人道主义危机所需的资金，转而将这些资金转移给对塔利班有未履行违约判决的美国原告。这就是两组确定的债权人与美国联邦法官争论的结果。

尽管正式声明要到 2022 年 1 月底才能发表，但拜登政府似乎愿意同意这个计划——唯一的明显障碍是如何在不承认塔利班是阿富汗合法政府的情况下没收阿富汗的资金。

按照其帝国主义剧本，美国对阿富汗实施的制裁——就像对委内瑞拉、古巴、伊朗和许多其他国家实施的制裁一样——正在达到预期效果，即惩罚阿富汗全体人民，因为塔利班不愿屈从于美国和欧盟资本的要求，拒绝交出该国的资源和主权。

制裁想要达到的目的是破坏阿富汗民间社会的稳定,让阿富汗民众的生活日益艰难,最终将苦难归咎于塔利班,推翻现有阿富汗政权,让美国及其代理人的阴谋得逞。

我们必须要求:美国撤出阿富汗——彻底撤出,结束美国对阿富汗的制裁。让阿富汗活下去!

《工人世界》,2021 年 12 月

针对叙利亚的新一轮致命制裁

[美] 朱迪·贝洛（Judy Bello）

5月20日，特朗普总统签署《2020财年国防授权法案》（National Defense Authorization Act for Fiscal Year 2020）。该法案中包含了一项类似内务法案的议案，论述了年度"国防"拨款和优先事项。其基本内容来自2019年"凯撒叙利亚平民保护法"（Caesar Syrian Civilian Protection Act）。有人说，这个议案"隐藏"在《2020财年国防授权法案》里，是因为没有得到两党的支持，但这肯定不是事实。叙利亚战争在持续过程中始终得到了两党的支持。也许他们只是对这个标题感到尴尬，因为该法案的名字来自一场欺骗性演讲。

所谓"凯撒照片"首次出现于2014年1月，据称是一名叫"凯撒"的叛逃者带出的反映很多人被叙利亚政府酷刑折磨而死的照片，共有55000张。随后的调查由卡塔尔政府资助，并由卡特鲁克（Carter-Ruck）律师事务所监督。虽然照片是真实的，但拍摄对象是些什么人？近两年后，"人权观察组织"（HRW）发表了一篇轻描淡写的分析文章，对数据做了许多毫无根据的结论。几个月后，即2016年3月，里克·斯特林（Rick Sterling）发表了对"凯撒照片"及其发布背景的详细分析。[1]对那些照片仔细分析后,里克表示,这些照片似乎是一家战区医院太平间用来记录尸体的照片,死者来自战争双方。

里克在他的研究文件中说:

> 总而言之,照片和死者都是真实的。不过,目前还不清楚他们是如何死亡的,当时是什么情况。充分证据表明,一些人死于冲突中。一些人死在医院里。一些人在搬运过来之前就已经死亡,尸体已经腐烂。这些照片似乎记录了许多战斗人员和平民被杀的战时场景。照片上的场景似乎是军队医院在做一件例行的工作:保存死者的照片和文献记录。尸体由不同的军事或情报部门归拢在一起。有的人可能死在拘押场所,但绝大多数人死于冲突地区。"凯撒"、卡特鲁克报告和"人权观察组织"说这些人实际上"死于拘押场所"、"死于酷刑"或死于"政府拘留",这些说法几乎肯定站不住脚。[2]

"凯撒叙利亚平民保护法"加大了次级制裁力度,惩罚那些与叙利亚进行经济贸易(包括援助)的人。虽然该法案中没有出现"凯撒制裁",还获得了国会通过,但它仍然混迹在《2020财年国防授权法案》中。甚至"凯撒制裁"这个名词也没有真正消亡。它已经成为一个"网络流行语",指的是对叙利亚人民实施的最严厉的制裁,还试图为其辩护。然而,为什么在"凯撒"文件出现6年后、所谓"叙利亚政府受害者照片"谎言被揭穿3年后,现在又秘密实施这些制裁呢?

这一系列制裁是在全世界的注意力转向其他问题之际,试图对叙利亚政府造成致命一击。美国已经输掉了"热战"。除了亲密盟友,它们无法洗脑世界其他各国,让其他国家与叙利亚为敌。阿萨德政府已经恢复了该国人口最稠密地区的秩序,并安置了至少一半外地流浪过来的无家可归者。只要叙利亚仍然安然无恙,针对叙利亚的战争就会在某方面升级。虽然制裁的目的是"政权更迭",但是这场战争是针对叙利亚人民的混合战争。美国的要求是叙利亚必须改变自己的身份、生活方式,更换国家领导人。

几十年来,叙利亚一直遭受美国日益严厉的制裁。叙利亚战争爆发后,制裁不断加强和深化,第三方制裁将其他国家也纳入制裁范围。其他国家必须遵守美国对叙利亚的制裁,否则自己也会遭受制裁和经济处罚。"凯撒法案"的制裁措施彻底孤立了叙利亚中央银行。该法案对任何与叙利亚进行贸易甚至向叙利亚提供援助的国家或企业实施次级制裁。它们严厉制裁支持叙利亚贸易的黎巴嫩银行,给这个基本上陷入了贫困的小国造成了经济混乱。只有最强大、最大胆的盟友才敢冒险与叙利亚进行经济接触。

叙利亚货币里拉的美元汇率已从战前的 47∶1 暴跌至 1800∶1。有传言称,大量资本通过伊德利卜(Idlib,基地组织在叙利亚的最后一块飞地)和其他武装组织逃往国外。据《卫报》(*Guardian*)报道,黎巴嫩货币也在贬值,因为黎巴嫩和叙利亚是传统的贸易伙伴。据叙利亚通讯社(SANA)报道,美国特使詹姆斯·杰弗里(James Jeffrey)声称,叙利亚货币崩溃是美国政策造成的。在叙利亚北部,土耳其支持的武装分子正在将资本转移出该国,而埃尔多安则在土耳其民众控制的地区强制使用土耳其货币。

人们无法获得食物和药品等基本必需品。战争摧毁了叙利亚的独立制造业。沙特阿拉伯、卡塔尔和土耳其雇佣军在过去十年里肆意拆除工厂、抢劫或摧毁机器,然后将厂房夷为平地。此前美国的制裁已导致叙利亚无法获得最基本的药品制造原料。汤姆·杜根(Tom Duggan)和马克·塔利亚诺(Mark Taliano)在最近的文章《西方政府用罪恶的经济禁运集体惩罚叙利亚平民》(Western Governments Collectively Punishing Syrian Civilians with Criminal Economic Embargoes)中详细列出了禁止叙利亚进口的商品清单。[3]

美国占领了叙利亚二分之一的油气田,迫使叙利亚进口这些化石燃料。美国还占领了叙利亚的麦田。2021 年早些时候,美军烧毁了占领地区的叙利亚麦田。本周,《全球研究》(*Global Research*)发表了阿拉比·苏里(Arabi Souri)的文章和视频,标题为《耳闻不如眼见:北约恐怖分子焚烧叙利亚小麦作物》(Hearing Is Not Like Seeing: NATO's Terrorists Burning Syrian Wheat Crops)[4],记录了土耳其支持的武装分子在叙利亚北部焚烧农作物的情况。

叙利亚已经不再受到正义人士的关注，但对于冷血的美帝国主义战争贩子来说却并非如此。他们对一个饱受十多年战争之苦的国家再次加大了赌注。所以，人们听说，在叙利亚，"重建"正在受到经济制裁的破坏，然而，人们不知道的是，即使在战争中，民众也能买到食物和药品，而现在却无法买到。他们无法获得用来做饭和取暖的石油和天然气。他们的钱一文不值，政府甚至连基本的民生服务也很难保障，因为他们的钱……在国际市场上根本不值钱。

叙利亚民众面临多重制裁。广大民众无力抚养孩子。病人和老人得不到照顾。当世界其他地区忙于抗击新冠疫情时，叙利亚民众却在挨饿。我认为，很难将这种残忍想象为报复。制裁针对的是叙利亚人民，他们是美国及其盟友煽动、持续武装和资助的可怕战争的受害者。

"凯撒叙利亚平民保护法"应更名为"凯撒叙利亚平民种族灭绝法"。随着新冠病毒的持续肆虐，美国自身经济运行不畅导致数十万人失业和食物短缺，人们没有医疗保险，处于被房东驱逐的边缘；美军军舰离开委内瑞拉海岸，核武器移至俄罗斯与波兰边境附近，这些事情都被西方媒体炒得沸沸扬扬，然而有关叙利亚的困境却只字不提。这不是巧合吧。对叙利亚实施新制裁，就像德里克·肖万（Derek Chauvin）将膝盖重重地压在乔治·弗洛伊德（George Floyd）的脖子上。相较于白人警察虐待黑人的视频被广泛传播，YouTube 上叙利亚被制裁的视频却没有引起人们的关注。

这种局面什么时候能够结束？我们怎样结束这种局面？

美国全国反战联盟（UNAC）/"终结国内外的战争"，2021 年 6 月

尾注：

〔1〕The Caesar Photo Fraud that Undermined Syrian Negotiations, https://www.counterpunch.org/2016/03/04/thecaesarphotofraudthatunderminedsyriannegotiations/.

〔2〕The Caesar Photo Fraud that Undermined Syrian Negotiations, https://

www.syriasolidaritymovement.org/wpcontent/uploads/2016/03/Caesar Photo-FraudReport_v6.compressed.pdf.

〔3〕Western Governments Collectively Punishing Syrian Civilians with Criminal Economic Embargoes, https://unac.notowar.net/2020/06/07/westerngovern-mentscollectively-punishingsyriancivilianswithcriminaleconomicembargoes/.

〔4〕Hearing is not Like Seeing: NATO's Terrorists Burn Syrian Wheat Crops, https://www.globalresearch.ca/videonatoterroristsburningsyrianwheatcrops/5715759.

团结一致，结束对津巴布韦的非法制裁

[美] 阿马迪·阿贾穆（Amadi Ajamu）

8月18日，第39届南部非洲发展共同体（Southern African Development Community，SADC）国家元首和政府首脑峰会在坦桑尼亚达累斯萨拉姆举行，宣布10月25日为解除对津巴布韦非法制裁的团结日（Day of Solidarity）。南部非洲发展共同体（SADC）16个成员国决心行动起来，努力实现这一目标。

南部非洲发展共同体秘书处正在联系非洲联盟（African Union）主席、埃及总统阿卜杜勒·法塔赫·塞西（Abdel Fatthah el-Sisi），推动非洲联盟支持反制裁问题，计划在9月举行的第74届联合国大会上对此进行讨论。执行董事斯特戈梅纳·劳伦斯·塔克斯（Stergomena Lawrence Tax）博士在峰会上说："禁运正在损害津巴布韦和这个地区的经济增长。"

"12·12"运动（December 12th Movement）国际秘书处驻纽约发言人奥莫瓦勒·克莱（Omowale Clay）告诉本报记者：

我们清楚，南共体所表现出的强有力的团结和行动有助于揭露这样一个谎言，即对津巴布韦的制裁"只针对个人"。制裁的真正目的其实是摧毁受制裁国的经济，最终实现"政权更迭"。

这些制裁切断了津巴布韦的对外贸易，对津巴布韦的经济增长造成困难，从而导致外汇短缺，增加了政府购买药品、水净化设备、重工业设备、燃料等生活必需品的难度——制裁是会死人的！

克莱接着说：

1980年，原住民从英国（罗得西亚）殖民者手中争取独立之后，80%以上的耕地仍然由占人口不到5%的殖民者占有。1998年，津巴布韦实施土地改革计划，土地最终归还给为之奋斗和牺牲的津巴布韦原住民。

美国实施的《津巴布韦民主与经济复苏法案》（Zimbabwe Democracy and Economic Recovery Act, ZDERA）制裁措施违反了维护国家主权的国际法。该法案煞有介事地说津巴布韦这个内陆小国是"对美国国家安全的威胁"。美国的制裁必须马上结束。这是对于受制裁国来说生死攸关的问题。

南共体10月25日采取的这一大胆而团结的行动有助于动员非洲和泛非社会，让美国罪恶的制裁意图落空——制裁是西方对付发展中国家自决的武器，进一步暴露了西方再殖民的意图。

即将上任的南部非洲发展共同体主席、坦桑尼亚总统约翰·马古富利（John Magufuli）博士在峰会闭幕词中说：

我们都知道，这个和睦友爱的国家长期以来一直饱受制裁。这些制裁不仅影响了津巴布韦民众和政府，还影响了我们整个地区。

9月21日,"12·12"运动将在中午12点在纽约市第47街和第一大道交界的达格·哈马舍尔德广场(Dag Hammarskjold Plaza)举行游行和集会,呼吁结束联合国大会第74届会议上通过的对津巴布韦的制裁。

联合国所有193个会员国都派代表参加了这个独特的论坛,就发展、和平与安全、国际法等《联合国宪章》涵盖的国际问题进行了讨论和合作。

美国全国反战联盟(UNAC)/"终结国内外的战争",2019年8月

非洲饥荒：制裁的影响

［美］格雷格·邓克尔（Greg Dunkel）

乍得位于非洲中部，是一个人口约 1600 万的内陆国家。根据联合国数据，它是世界上三个最贫穷的国家之一，人均预期寿命最低（54 岁）。

乍得境内有近 50 万难民。2021 年，乍得政府通过一项法律，赋予所有这些难民工作权、境内自由迁徙权以及医疗保健、教育和司法救助权。乍得正在履行它在 2019 年 12 月联合国全球难民论坛上的承诺。相比之下，美国在 2021 财年接纳了略多于 1.1 万名的难民，但难民的上述权利均未得到保障。

6 月 1 日，乍得政府正式宣布进入"食品紧急状态"。执政的过渡军事委员会主席穆罕默德·伊德里斯·代比·伊特诺（Mahamat Idriss Deby Itno）呼吁"所有国内和国际伙伴帮助乍得民众"，并指出"食品和营养状况的持续恶化和（食品短缺的）风险的增加"。[1]

欧盟、美国和英国的大型商业媒体试图将日益严重的非洲饥荒（除了婴儿，还有成年人死于饥饿）威胁归咎于俄乌冲突。相反，非洲媒体将饥荒归因于当地叛乱、因全球变暖而加剧的毁灭性干旱和新冠疫情的影响。

联合国粮食及农业组织坚持认为，2022年的全球小麦产量将略高于2021年。西非和北非的传统小麦供应大部分来自乌克兰和俄罗斯。这种贸易因俄乌冲突而受到严重破坏。问题是谁是这种破坏的幕后黑手。

非洲联盟领导人会见普京

6月3日，非洲联盟轮值主席、塞内加尔总统马基·萨勒（Macky Sall）和非盟委员会主席、乍得前总理穆萨·法基·穆罕默德（Moussa Faki Mahamat）与俄罗斯总统普京举行高级别会议。

萨勒和穆罕默德共同呼吁普京放行因俄罗斯对乌克兰黑海港口实施封锁而滞留的乌克兰粮食。穆罕默德发布推文称：

> 我们呼吁暂停对谷物和其他主要商品的制裁，必须保证海上通道的安全，减轻日益严重的粮食和能源危机对经济和社会经济造成的破坏性影响。

萨勒在推特上表示："普京总统已向我们表达了他愿意促进乌克兰谷物出口的意愿。"他补充说："俄罗斯也准备推动自己的小麦和化肥出口。"

然而，俄罗斯解除封锁（普京似乎愿意这样做）本身并不能让装载谷物的船只驶出乌克兰港口，还需要乌克兰政府准许船只驶出港口，乌克兰政府还必须清除它部署在南部近海的水雷。

对于非洲联盟抗击饥荒的呼吁，最致命的不利因素是，美国实际上对俄罗斯实施了制裁，阻止其向西非运送先前长期供应的小麦和化肥。美国指控俄罗斯窃取"乌克兰的"粮食，尽管储存在乌克兰南部和东部数百万吨粮食的所有权状况尚不清楚。

美国和欧洲资产阶级在针对俄罗斯的制裁中进行了一定程度的合作，谎称制裁的影响仅限于俄罗斯。然而，世界上许多国家都因美国的制裁而受到严重伤害，其中包括对俄罗斯的制裁。

乍得面临小麦短缺，忍饥挨饿的数百万人饱受痛苦。这数百万人挨饿只是美国追求经济和军事主导权的"附带损害"。如果避免饥荒所需的粮食从俄罗斯流向西非，美国针对俄罗斯的行动将失去一个重要噱头。

《工人世界》，2022 年 6 月

尾注：

〔1〕Africa News, June 3, https://www.africanews.com/.

委内瑞拉要求国际刑事法院调查美国制裁是否构成危害人类罪

[美]瑞恩·斯旺(Ryan Swan)

经济强制措施,俗称经济制裁,是通过破坏贸易关系和经济孤立来施加强制压力的手段。根据国际法,制裁主要需要遵守《联合国宪章》第七章。根据这一章,安理会可决定是否为了恢复国际和平与安全而"完全或部分中断(受制裁国的)经济关系"。

未经安理会授权的措施,即"单方面强制措施"(unilateral coercive measures,UCM),已成为美国越来越常用的强制策略,目前全球约三分之一的人口在遭受美国制裁。

自2010年以来,美国还一直对与受制裁国家保持经济联系的国际机构实施选择性次级制裁[1]。这些措施对目标国家平民造成的不利影响——"对弱势群体尤其严重",包括"妇女和儿童"——已被多次充分地记录在案。[2]

围绕单方面强制措施合法性的问题主要集中在它与《联合国宪章》的"兼容性"问题上。其中一个重要方面是,有人认为未经安理会多边授权的制裁措施是非法的。有人则提到了单方面强制措施在国家主权(不干涉别国内政原则）和国际人道主义规则［《公民权利和政治权利国际公约》（International Covenant on Civil and Political Rights）、《经济、社会及文化权利国际公约》（International Covenant on Economic, Social and Cultural Rights）规定的有关生命权、健康权和医疗权］背景下产生的问题。[3]

联合国大会也经常表达对单方面强制措施的担忧，连续29年以压倒性多数通过要求美国停止对古巴"经济封锁"的决议[4]就是例证。

2020年2月13日，委内瑞拉政府向国际刑事法院（International Criminal Court，ICC）提交情势报告（referral），要求调查美国单方面强制措施另一个可能的法律缺陷，即根据《罗马规约》（Rome Statute）第7条，此类措施是否构成危害人类罪。[5]随着地缘政治的争斗愈演愈烈，经济竞争的氛围日渐浓厚，围绕法院最终裁决的压力也越来越大。

事件背景

委内瑞拉人口超过2800万。自20世纪30年代以来，它一直是一个重要的石油生产国，拥有世界上最大的已探明石油储量。[6]

在乌戈·查韦斯（Hugo Chávez）总统（1998—2013）领导下，委内瑞拉通过了新的宪法[7]，要求使用国家石油收入来改善民生条件。针对这一政策转变，2002年，美国策划委内瑞拉发动政变，但最终被挫败[8]。尽管与美国存在敌对关系，遭受了一系列反恐、反毒品贩运制裁，查韦斯提出的民生计划仍取得了引人瞩目的成果，[9]明显改善了委内瑞拉人民的生活水平。贫困率和失业率显著下降，教育水平和识字率稳步提高。

查韦斯总统去世，尼古拉斯·马杜罗（Nicolás Maduro）当选后，美国加强了经济胁迫。2015年3月，美国总统巴拉克·奥巴马发布第13692号行政命令[10]，宣布委内瑞拉"对美国国家安全和外交政策构成不寻常的、特殊的威胁"，要求封锁委内瑞拉资产。

2017年8月，特朗普政府发布第13808号行政命令[11]，强化了对委内瑞拉的财政制裁压力，拒绝委内瑞拉政府，包括国有石油公司PDVSA，进入美国金融市场。随后，2018年春季，特朗普发布了第13827号[12]、第13835号行政命令[13]，分别禁止涉及委内瑞拉政府发行数字货币的交易和与购买委内瑞拉债务相关的交易。

2018年11月，特朗普总统发布了第13850号行政命令[14]，制定了一个法律框架，冻结任何美国财政部视为与委内瑞拉政府进行交易以推进其"腐败目的"的个人资产，并限制与这些个人进行某些交易。2019年1月，美国表现出对民主政治的公开蔑视，不再承认马杜罗总统的政府，称胡安·瓜伊多（Juan Guaido）为临时总统。[15]

2019年8月，第13884号行政命令[16]冻结了委内瑞拉政府在美国的财产权益，禁止美国公民与委内瑞拉政府进行交易，授权对协助或支持委内瑞拉政府的非美国公民进行金融制裁和签证限制，致使对委内瑞拉的经济扼杀进一步升级。

美国单方面强制措施（UCM）的效果

上述所有措施都是美国政府单方面实施的，对委内瑞拉经济造成了灾难性影响[17]，引发了委内瑞拉民众的人道主义危机。

2021年2月，联合国"单方面强制措施负面影响问题特别报告员"埃琳娜·多汉（Elena Douhan）发布了关于美国单方面强制措施对委内瑞拉享有基本人权影响的初步调查结果[18]。多汉女士指出，在实施单方面强制措施之前，委内瑞拉将76%的国家石油收入用于推进民生计划。由于美国的单方面强制措施，石油收入大幅下降（例如，从2013年的420亿美元下降到2018年的40亿美元），委内瑞拉政府现在甚至连1%的资金都难以投入民生项目。[19]

这些资源的丧失给"委内瑞拉全体民众带来了灾难性影响"，基本人权直接受到冲击，其中包括：

1. 食物权——超过50%的食品消费受到美国单方面强制措施的影响，导致委内瑞拉三分之一人口遭遇严重的粮食安全问题。

2. 水权——与水相关的服务已被美国单方面强制措施严重扰乱,导致委内瑞拉家庭每周只能零星地使用几个小时的自来水。

3. 健康权——美国单方面强制措施严重扰乱了人们获得优质医疗保健的机会,导致医务人员和设备极度短缺;孕产妇和婴儿死亡率和各种疾病死亡率明显上升。

4. 受教育权——美国单方面强制措施导致政府教育经费大幅减少,影响了学校招聘教职员工和采购基本必需品(包括学生膳食);电力和互联网经常性的中断进一步加剧了这种情况。

委内瑞拉政府财政状况陷入严重困境,限制了这个国家在新冠病毒大流行期间为民众提供基本医疗服务的能力。美国除了不愿意解冻可以用以购买新冠疫苗的委内瑞拉资产外,还拒绝向委内瑞拉捐赠疫苗,理由是担心委内瑞拉缺乏"透明度"。[20]

委内瑞拉的主张

在提交给国际刑事法院的情势报告中,委内瑞拉提出,美国的单方面强制措施构成了《罗马规约》第7条规定的危害人类罪。[21]具体来说,委内瑞拉认为,美国单方面强制措施就是针对委内瑞拉平民的广泛的、系统性的攻击——对于这种攻击的后果,美国非常清楚;这些单方面强制措施体现在第7条中列举的应受惩罚的行为中,特别是谋杀[第7(1)(a)条]、人口灭绝[第7(1)(b)条]、驱逐[第7(1)(d)条]、迫害[第7(1)(h)条]和其他不人道行为[第7(1)(k)条]。

这份情势报告在多个方面表现得很有特点。首先,单方面强制措施此前并没有被质疑违反国际刑法。该报告多次提出,美国的单方面强制措施不符合《联合国宪章》、国家主权原则和国际人道主义规则,而且可能的犯罪行为尚未得到调查。

其次,国际刑事法院此前从未调查过一国制定,在另一国境内执行相关政策的危害人类罪案件。该情势报告提出了国际刑事法院判例法承认的这一观点,即"非国家行为体"(Non-State Actors)即使没有控制其活动的地区,也可以犯下危害人类罪。因此,"国家"没有原则性理由规定不能在其不控制的地区上犯下危害人类罪,也就是说,美国可以在委内瑞拉领土上犯下危害人类罪。

最后,该情势报告还引发了管辖权上的奇怪问题。虽然《罗马规约》第12条明确规定了对在成员国领土上犯下相关罪行(qualifying crimes)的管辖权,但问题是,源于美国单方面强制措施的危害人类罪到底发生在哪里。这份情势报告承认,实施有关单方面强制措施的实际决定是在委内瑞拉领土之外做出的,而这份决定的意图很明确,必须在委内瑞拉境内实施。因此,国际刑事法院是否有权对非《罗马规约》成员国针对《罗马规约》成员国领土的行动行使属地管辖权的问题必须由国际刑事法院裁决。这个问题还让美国进一步意识到这份情势报告可能给美国带来风险。

有关委内瑞拉困境的评估

除了在《联合国宪章》和国际人道主义法等方面引起严重的国际法律关切外,美国的单方面强制措施还给无辜平民造成了巨大的、证据确凿的痛苦,因此根据国际刑法进行调查的时机已经成熟。

委内瑞拉的情势报告提出了美国单方面强制措施可能构成危害人类罪的有力依据。很明确的是,美国实施了这些措施,而且这些措施看上去满足《罗马规约》第7条规定的标准。另外,美国人似乎非常清楚这些措施会对委内瑞拉民众产生什么影响。

尽管有人呼吁在政治上有利的情况下对其他国家进行调查[22],但美国却以《罗马规约》的非缔约国身份为借口规避调查,还对国际刑事法院表现出前所未有的敌意。

2002年,美国颁布了《美国军人保护法》(American Servicemembers' Protection Act)[23]"以保护美国军事人员和其他民选和任命的官员……免受美国未加入的国际刑事法院的刑事起诉"。该法案授权总统使用"一切必要和适当的手段"——包括合理地使用武力强制——推动释放被国际刑事法院拘留的美国人员。

2020年6月，美国总统特朗普发布第13928号行政命令[24]，采取非同寻常的措施，宣布法院调查美国在阿富汗的罪行是"对美国国家安全和外交政策不寻常的、特殊的威胁"，并授权冻结国际刑事法院人员的资产，限制他们前往美国。

国际刑事法院对与美国对抗表现出明显的谨慎态度，引发了人们对其公正性可靠程度的担忧。2021年，新任首席检察官卡里姆·汗（Karim Khan）武断地决定"不优先"调查布什政府领导下的美国军事和情报人员2021年在阿富汗犯下的战争罪和危害人类罪，而是选择性地关注塔利班的违法行为。[25] 此举立即给该法院惹来争议，让人们再次对国际刑事法院的公信力产生怀疑。

国际刑事法院很可能会试图忽视委内瑞拉提出的以技术管辖权为由对美国进行调查的要求，但是，再次忽视指控美国的合理证据，同时却不遗余力地对俄罗斯在乌克兰的行动发起新的调查[26]，可能会进一步玷污国际刑事法院已经令人怀疑的声誉。

尽管这份情势报告在美国几乎没有任何媒体报道，但这仍对美国有很大风险。如果国际刑事法院行使管辖权，进行相关调查的话，将给美国树立一个尴尬的先例——虽然美国领导人实际上接受审判的机会几乎不存在。

国际刑事法院的调查和最终调查结果将让本已可疑的美国单方面强制措施更令人怀疑，并可能促使联合国大会请求国际法院就美国单方面强制措施更广泛的合法性提供咨询意见。在其经济胁迫策略严重危害全球经济并因此引起全世界批评之际，美国无法承受国际刑事法院的不利裁决。另外，对于国际刑事法院来说，情势报告提供了一个展示其勇气，致力于全球正义的机会。

《秘密行动杂志》（*CovertAction Magazine*），2022年4月

尾注：

〔1〕Sanctions by the Numbers: U.S. Secondary Sanctions, https://www.cnas.org/publications/reports/sanctionsbythenumbersussecondarysanctions.

〔2〕Unilateral sanctions particularly harmful to women, children, other vulnerable groups, https://news.un.org/en/story/2021/12/1107492.

〔3〕Unilateral Sanctions and International Law, https://popularresistance.org/alfredde-zayashumanrightscorner/.

〔4〕UN General Assembly calls for US to end Cuba embargo for 29th consecutive year, https://news.un.org/en/story/2021/06/1094612.

〔5〕The Rome Statute of the International Court, https://www.icccpi.int/sites/default/files/RSEng.pdf.

〔6〕Top ten countries with the world's largest oil reserves in 2019, https://www.nsenergybusiness.com/features/newstoptencountrieswithworldslargestoilreserves5793487/.

〔7〕Venezuela (Bolivarian Republic)'s Constitution of 1999 with Amendments through 2009, https://www.constituteproject.org/constitution/Venezuela_2009.pdf.

〔8〕Venezuela Coup Linked to Bush Team, https://www.theguardian.com/world/2002/apr/21/usa.venezuela.

〔9〕How did Venezuela Change under Hugo Chavez? https://www.theguardian.com/news/datablog/2012/oct/04/venezuelahugochavezelectiondata.

〔10〕Title 3, The President, https://www.govinfo.gov/content/pkg/CFR2016title3vol1/pdf/CFR2016title3vol1eo13692.pdf.

〔11〕Authorizing Transactions Related to Dealings in Certain Securities, https://home.treasury.gov/system/files/126/venezuela_gl9e.pdf.

〔12〕Executive Order 13827—Taking Additional Steps To Address the Situation in Venezuela, https://www.govinfo.gov/content/pkg/DCPD201800171/pdf/DCPD201800171.pdf.

〔13〕Prohibiting Certain Additional Transactions with Respect to Venezuela, https://home.treasury.gov/system/files/126/venezuela_eo_13835.pdf.

〔14〕Blocking Property of Additional Persons Contributing to the Situation in Venezuela, https://home.treasury.gov/system/files/126/venezuela_eo_13850.pdf.

〔15〕Recognition of Juan Guaido as Venezuela's Interim President, https://20172021.state.gov/recognitionofjuanguaidoasvenezuelasinterimpresident/index.html.

〔16〕Blocking Property of the Government of Venezuela, https://www.federalregister.gov/documents/2019/08/07/201917052/blockingpropertyofthegovernmentofvenezuela.

〔17〕The Impact of Financial and Oil Sanctions on the Venezuelan Economy, https://www.wola.org/wpcontent/uploads/2020/10/OliverosreportsummaryENG.pdf.

〔18〕Preliminary findings of the visit to the Bolivarian Republic of Venezuela by the Special Rapporteur on the negative impact of unilateral coercive measures on the enjoyment of human rights, https://www.ohchr.org/en/statements/2021/02/preliminaryfindingsvisitbolivarianrepublicvenezuelaspecialrapporteur?LangID=E&NewsID=26747.

〔19〕UN expert details crushing human toll of US sanctions on Venezuela, https://www.youtube.com/watch?v=lNzVRiN_ga8&t=3s.

〔20〕US will not donate COVID vaccines to Venezuela, https://www.aa.com.tr/en/americas/uswillnotdonatecovidvaccinestovenezuela/2263435.

〔21〕Venezuela II, https://www.abaicc.org/situations/venezuelaii/.

〔22〕U.S. lawmakers join calls for war crimes probe of Russia, https://www.reuters.com/world/us/uslawmakersjoincallswarcrimesproberussia20220302/.

〔23〕22 U.S. Code Subchapter Ⅱ AMERICAN SERVICEMEMBERS' PROTECTION, https://www.law.cornell.edu/uscode/text/22/chapter81/subchapter Ⅱ.

〔24〕Blocking Property of Certain Persons Associated With the International

Criminal Court, https://www.federalregister.gov/documents/ 2020/06/15/ 202012953/ blocking-propertyofcertainpersonsassociatedwiththeinternationalcriminalcourt.

〔25〕EUIdeas: Evidence-driven contributions on social, political, legal, and economic issues, https://euideas.eui.eu/2021/10/11/pragmatismandpowerattheiccus crimes-notapriority/.

〔26〕ICC to begin investigation into possible war crimes in Ukraine, https://www.aljazeera.com/news/2022/3/2/icctobegininvestigationintopossiblewarcrimes-inukraine.

对加沙的制裁

［英］皮帕·巴尔托洛蒂（Pippa Bartolotti）

　　加沙的苦难众所周知，但西方媒体却很少记录封锁对人的影响，这是因为报道这件事的真相对以色列、美国和其他支持这些制裁的国家不利。

　　需要明确的一点是，这些是以色列作为占领国实施的制裁，而这种对本已贫困的平民实施的集体惩罚得到了美国的大力支持。美国提供了慷慨的政治支持，每年将数十亿美元的经济和军事援助提供给以色列。

　　加沙是一块独特的孤立土地，西临地中海，南接埃及，东部和北部与以色列接壤，面积大约相当于底特律。大多数进入加沙的通道都被永久关闭，居民几乎无法离开。英国保守党前主席彭定康勋爵（Lord Patten）表示，加沙是"一座被种族隔离墙包围的露天监狱"。

　　实际情况更为糟糕。我去过那里。加沙城拥有4000年的辉煌历史。2008年至2009年，以色列对加沙城进行饱和轰炸，大半个城市被彻底摧毁。大约有1400名巴勒斯坦人和13名以色列人在冲突中死亡。最终的结果是，幸存者搬入残存的建筑物里，造成那里极度拥挤。由于建筑材料被禁止进口，加沙的战后重建迟迟无法实现。

对生活在这一小块狭长土地上的民众实施制裁是残酷和不人道的,所有让所有民众屈服以达到颠覆政府之目的的制裁也是如此。禁止加沙进口的数百种物品包括香菜、缝纫线、拖拉机零配件、钓鱼竿、钢材、混凝土、某些药品以及纸、笔和巧克力。

我辗转穿过拉法门(Rafah Gate)时,身上带着几块巧克力,我经历了一生中见过的最令我难忘的场面之一:一个女人慢慢地剥开包装,将巧克力放在嘴边,她没有吃,只是闻了闻,似乎在回味,然后悄悄放进了包里。她已经有 20 多年没有吃过巧克力了。

制裁滋生了大量卫生和食品问题

由于禁止使用建筑材料,加沙一直无法重建污水处理厂,该污水处理厂在 2009 年被炸成废墟。我目睹了约 200 万人产生的污水未经任何处理就排入地中海。

这不仅是一个卫生问题,还是一个食品供应问题。加沙渔民的小船不断受到以色列军舰的骚扰和射击,被迫从 20 海里的合法捕鱼区(《奥斯陆协议》)退回到距离海岸仅几百码的区域,这意味着他们必须在几乎未稀释的污水中捕鱼。新鲜的鱼是加沙人为数不多的蛋白质来源之一,因为肉类、扁豆、种子和坚果都被禁止入境。

2015 年,世界银行估计,2007 年以来的封锁造成的(加沙地区生产总值)损失超过 50%,还伴随着民众福利的大幅减少。由于过去 20 年的战争和封锁,曾经红火的加沙制造业实际萎缩了 60%。

自 2007 年实施封锁以来,加沙的出口基本上已经消失殆尽。世界银行表示,考虑"邻国的合法安全担忧"的同时,"必须想办法,让建筑材料尽快进入加沙"。

加沙四分之三的人是难民。不安全的饮用水导致了日益恶化的健康危机。加沙儿童患有腹泻、肾脏疾病、生长发育不良和智力受损。20 年前,加沙 85% 的饮用水井污染严重,无法供人类饮用。今天,这个数字高达 97%。

1948 年，难民疯狂逃命，涌入加沙，地下含水层根本无法满足四倍人口的需求。现在，加沙的水基本上都是有毒的。

食物、燃料和水由以色列政府按其认为合适的方式发放。一名以色列官员表示，这些制裁的目的是"让巴勒斯坦人少吃，但不至于让他们饿死"。

我抵达那里时，当地的燃料已经用光，肯定也没有足够的食物给游客。他们给了我一小瓶水。我有一种感觉，这种慷慨会让其他人少喝一瓶水。

每天 20 个小时没有电

每天断电 20 个小时，有时甚至更长。每天都有武装无人机在上空巡逻，炮艇在海上巡逻，陆地边界戒备森严，针对儿童、驴子和老人的枪击事件每周都在发生。加沙的日常生活是一种难以想象的痛苦。巴勒斯坦人权中心记录了每周的死亡人数。这些事情很少在世界媒体上报道，因为它们与西方的宣传格格不入。

制裁影响了所有人的健康，其中，儿童受害最深。他们营养不良，遭受着持续轰炸带来的心理创伤。每天都要面对死亡和破坏，他们在伤残、绝望中成长。他们将来也会知道谁是这些苦难的制造者。

"大赦国际"、"人权观察组织"、红十字国际委员会等人权组织以及联合国人道主义事务协调厅（UN Office for the Coordination of Humanitarian Affairs，UNOCHA）与联合国救济和工程处（United Nations Relief and Works Agency，UNRWA）等联合国机构之间存在广泛共识：对加沙的围困是非法的，是对民选加沙政府的公然藐视。

关于制裁，需要知道的最重要的一点是，制裁是不起作用的。更糟糕的是，它还会适得其反，因为它为仇恨和报复创造了条件。如果以实现关系正常化为最终目标，这是任何一方都无法承受的心理代价。

国际行动中心，2020 年 2 月

第三部分 反对制裁的活动

Sanctions Kill 运动发起声明

2019年《行动号召》(Call to Action)原版（如下）已被翻译成18种语言，并通过很多组织和个人在全球范围内传播。

美国及其盟友对抵制其政治活动的国家实施制裁。制裁是经济战争的武器，会造成基本生活必需品长期短缺、经济混乱、大规模恶性通货膨胀、人为造成的饥荒、疾病和贫困。在每个国家，最贫穷和最弱势的群体——婴儿、儿童、慢性病患者和老年人——受制裁的影响最为严重。

美国的制裁违反了国际法。制裁是美国用以颠覆他国政权的工具。制裁影响着分布在约40个国家的全球三分之一的人口。这是一种危害人类罪。与军事干预一样，制裁被用来推翻受人爱戴的民主政府，破坏民众运动，为亲美右翼势力提供经济和军事支持。美国依托其经济主导地位及其在全球的800多个军事基地，要求所有其他国家参与它发起的一切经济制裁活动。这些国家必须按照美国要求，切断与相关国家的所有正常贸易关系，否则就会成为华尔街的敌人。银行和金融机构参与破坏了美国的国内社区，还推动了对外掠夺。一段时间以来，许多组织一直在与制裁作斗争。当务之急,我们必须齐心协力,提高人们对这一关键问题的认识。

这场广泛的运动包括抗议和示威、游说、请愿活动和各种形式的教育活动。

制裁即杀戮!立刻结束制裁!

呼吁拜登政府在新冠疫情期间停止经济制裁的公开信

2021年冬季，这封公开信（被翻译成8种语言向全世界传播）由4000多个组织和个人签署。

致美国总统乔·拜登、副总统卡马拉·哈里斯以及美国国会全体议员：

我们之所以致信诸位，是因为我们深切担忧美国的制裁会对许多深受新冠疫情打击的国家产生严重影响。

全球新冠疫情和全球经济崩溃给全人类带来挑战，而科技合作和全球团结是当今的迫切需求。然而，特朗普政府升级了针对全球许多国家的经济制裁。

我们呼吁请你们着手取消美国针对他国的所有经济制裁，开启美国与世界交往的新时代。

美国的经济制裁影响了约40个国家，占全世界三分之一的人口。

这些制裁阻止了基本药物、检测设备、个人防护装备、疫苗甚至基本食品的运输和采购。制裁还导致基本生活必需品长期短缺、经济混乱、大规模恶性通货膨胀、人为造成的饥荒、疾病和贫困，导致数万人死亡。最贫穷和最弱势的人群——婴儿、儿童、慢性病患者和老年人——受制裁的影响最为严重。

制裁是非法的。它违反了国际法和《联合国宪章》。制裁是一种反人类罪，它与军事干预一样，被用来推翻民主政府，破坏民众运动。

美国利用其军事和经济优势向政府、机构和企业施压，要求它们终止与目标国家的所有正常贸易关系，否则它们就会面临资产被扣押甚至军事行动的风险。

改变的第一步是必须结束美国的经济制裁政策。我们强烈呼吁你们立即终止对所有国家的非法制裁，彻底调整美国与世界的关系。

美国加大力度实施致命制裁
——Sanctions Kill 运动的声明

拜登总统下令发布的新财政部报告显示,尽管新冠疫情肆虐,美国仍在加重经济制裁。

美国财政部于 2021 年 10 月 18 日发布的《2021 年制裁审查报告》(The Treasury 2021 Sanctions Review)是一个不祥的警告。这份尚未签署的报告给人权组织,国际卫生机构,寻求和平、正义的社区团体,受影响国家以及联合国大多数国家敲响了警钟。

拜登上任总统后的首要行动之一就是呼吁对现有美国单边和多边的金融、经济制裁进行审查,评估它们是否"过度阻碍"目标国家应对新冠疫情。1 月 21 日公布的《国家安全备忘录》(National Security Memorandum)发布 10 个月后,美国财政部的最终审议报告没有提及新冠病毒及其过去 18 个月对人类生命财产造成的灾难性损失。如何在致命的疫情期间提供国际救济、合作和援助并不在拜登政府的议程里。

相反,该报告对受制裁影响的国家通过替代结算系统等方式规避美国非法经济封锁表示遗憾，承诺"加大对财政部的制裁团队和运营能力的投资力度"。美国打算升级其制裁措施并使其"现代化"，尽管明知制裁只会让美国孤立于国际市场，让受制裁影响的国家更加抗拒美国，不会推翻目标国家的政府，也根本无助于推进美国的外交利益。

美国财政部的《2021年制裁审查报告》里有一张令人非常不安的图表，显示华盛顿将制裁作为"首选工具"的情境增加了933%（从2000年的912个"OFAC制裁指定情境"增加到2021年的9421个）。该评论声称工作人员已经会见了"数百名利益相关者"；然而，没有任何证据表明，他们与面临严重的物资短缺、恶性通货膨胀、基本药物缺乏的致命威胁的数百万人有过交流。

正如2021年9月Sanctions Kill运动联盟的报告《美国制裁的影响和后果》（The Impact and Consequences of US Sanctions）所说的，美国的制裁从技术上讲是单方面强制措施，违反了国际法，给受制裁群体造成了巨大的痛苦和死亡。占世界人口三分之一的约40个国家正在遭受直接的经济制裁，而次级制裁对更多国家产生了负面影响，其中不乏美国的盟友。美国财政部报告发布之际，正值联合国半数以上国家纷纷谴责美国的单边经济措施。

联合国、人权组织、受影响国家以及美国和世界各地的法律组织纷纷呼吁结束这些非法制裁。10月16日，教皇方济各呼吁"各个大国停止对任何国家的侵略、封锁和单方面制裁"，"对新殖民主义说不"。

尽管美国信誓旦旦要加大经济制裁力度，但美国国内民众越来越意识到这种武器的残酷性和适得其反的效果。全球数百万人受到这一致命政策的影响。他们正在掀起越来越大的跨越国界的抵制浪潮。正如Sanctions Kill运动联盟的报告所预测的那样，终有一天，美国将为反人类罪承担法律责任。社会运动组织要求立刻终结制裁行为。

结束所有战争！对制裁说不！
——Sanctions Kill 运动的声明

Sanctions Kill 运动是社会正义、团结与和平力量的广泛联盟，致力于揭露美国制裁对全球平民造成的破坏性影响。

制裁不是战争的替代选择

目前的对俄制裁措施并不是战争的替代选择，而就是一种战争。制裁就像炸弹一样造成数千万人死亡。制裁丕会造成恶性通货膨胀、人为饥荒、社会动乱和健康危机，它惩罚所有平民。正如美国总统拜登所说的，制裁的目的是"造成进一步的痛苦"。

制裁是一种集体惩罚，违反了国际法。

美国及其盟国对俄罗斯的制裁不会减少敌对行动，反而会加剧当前冲突。

制裁强化了美国在欧洲的主导地位

当前,美国用经济制裁来强化它在该地区的主导地位,尽管切断与莫斯科的经济联系违背了欧盟和英国的经济利益。

欧盟与俄罗斯、中国贸易的增长威胁到美国企业在欧洲的主导地位。欧盟是俄罗斯最大的投资者。虽然美国是最大的甲烷气体出口国,但欧盟以低得多的价格从俄罗斯购买大量天然气、石油和小麦。

欧盟,尤其是德国不愿意实施制裁,这会破坏美国的所有对俄制裁政策。于是,拜登威胁美国的盟友,如果不与美国合作,唯一的选择就是核战争。美国总统说:"你有两个选择。要么爆发第三次世界大战……要么,让那些违反国际法的国家付出代价。"拜登表示,美国"从一开始的目标"就是让北约和欧盟"站在同一立场上"。

华盛顿利用美元在世界经济中的主导地位,单方面对俄罗斯实施了5500多项制裁,使其成为受美国攻击性政策制裁最多的目标。

美国制裁将全世界拖入冲突

不幸的是,俄罗斯并不是这些单方面强制措施的唯一受害者。占全球人口三分之一的约40个国家都是美国的攻击目标,其中包括古巴、委内瑞拉、尼加拉瓜、中国、伊朗、伊拉克、叙利亚、巴勒斯坦、阿富汗、津巴布韦、埃塞俄比亚和苏丹。与受美国制裁的国家进行贸易的第三国也面临巨额罚款。这种致命的经济制裁极大地破坏了地区经济发展。

此外,美国还迫使其他国家执行这些极端的经济惩罚。我们不无忧虑地注意到,对俄罗斯实施的这些制裁正在将整个世界拖入一场很可能失控的冲突。

美国发起的这些制裁并没有获得联合国批准。当下,许多国家拒绝加入美国/欧盟对俄罗斯实施的制裁。迄今为止,印度、巴基斯坦、印度尼西亚、南非、土耳其、阿拉伯联合酋长国、沙特阿拉伯、巴西、阿根廷、墨西哥和其他经济规模较小的国家拒绝遵守美国的制裁政策。事实上,几乎所有拉丁美洲、加勒比地区、非洲以及大部分亚洲国家都拒绝对俄制裁。

制裁是反人类罪

这些制裁损害了这些国家自身的经贸关系。由于食品、燃料和基本商品的短缺和物价上涨，美国主导的制裁造成的供应链中断和通胀压力对全球穷人和工薪阶层造成了极大影响。受影响尤其严重的是发展中国家的人们。

美国对古巴革命60多年来的制裁已经证明，美国旨在实现他国政权更迭的制裁实际上给目标国的民众带来了深重的苦难。这些制裁对于那些渴望在全球范围内"美国治下的和平"行使主权的国家来说是一个警示。制裁是一种反人类罪。

结束俄乌冲突

这场伤亡惨重的冲突始于2014年美国策划的一场推翻乌克兰民选政府的政变。尽管乌克兰不是北约正式成员国，但美国此后向乌克兰输送了大量致命武器，并派遣了美国军事"顾问"。

乌克兰是华盛顿对俄战略的棋子。自政变以来，乌克兰已沦为欧洲最贫穷、人口流出率最高的国家。

Sanctions Kill运动呼吁各方停止敌对行动，呼吁美国采取外交手段，而不是武器、制裁和战争！

支持叙利亚民众的公开信
——谴责美国攻击叙利亚和中东的公开信

美国全国反战联盟（UNAC）

美国拜登政府上台后立刻采取的一个行动就是向目前被美国及其代理人占领的叙利亚东北部地区增兵。此后不久，美国轰炸了叙利亚东部边境的一座城镇，造成多达30名叙利亚人死亡。据称，这一行动是为了攻击敌对的"伊拉克民兵"或向伊朗"传递信息"。美国代理人正在土耳其出售叙利亚粮食，一个名叫"沙姆解放组织"（Hayat Tahrir al-Sham）的反对派组织目前在美军和美国代理人占领的叙利亚领土上开了一家炼油厂。

2020年，美国国会通过了"凯撒制裁"，作为体量巨大的《国防拨款法案》（Defense Appropriations Bill）的修正案。这些制裁致使叙利亚人民严重缺乏食品、能源和药品等基本必需品。制裁还摧毁了叙利亚货币，造成了一场严重饥荒。然而，当时，即使是联合国，也无法向叙利亚提供援助。

此外，这些制裁阻碍了叙利亚的重建工作，让数十万暂居周边国家难民营的叙利亚穷人无法回国。因为没有饮用水、食物或住房，这些难民家庭有家难回。与此同时，唯一可以获得国际援助的叙利亚人是生活在美国占领区和美国盟友努斯拉阵线／基地组织控制地区的叙利亚人。

最近，在"左翼"知名活动人士的支持下，反对叙利亚的宣传不断涌现，其中包括对美国反战运动大多数成员的严厉批评。美国反战运动的重点是反对美国和其他国家入侵叙利亚，支持叙利亚捍卫国家主权免受外部侵略的权利。显而易见的事实是，美国政府及其北约盟友、以色列和其他反动的中东国家是叙利亚人民当前灾难的主要原因。美国及其盟国为数万名支持其政权更迭议程的外国武装分子进入叙利亚提供了便利。

美国编造叙利亚拥有大规模杀伤性武器的谎言，与入侵和占领伊拉克一样，美国及其盟国以叙利亚对本国人民使用了化学武器、进行恐怖镇压为由，对叙利亚政府提出指控。事实证明，这些指控毫无依据。

因此：

1. 我们谴责美国军队及其代理人非法占领叙利亚领土，以及对叙利亚领土和叙利亚人民进行无端的、非法的军事袭击。

2. 我们谴责美国代理人持续偷运叙利亚的石油和粮食，而这些资源是叙利亚人民迫切需要的。

3. 我们谴责所谓的"凯撒制裁"，认为它是非法的、不道德的单方面强制措施。

4. 我们谴责美国对叙利亚发动的战争和对叙利亚主权的公然侵犯。

5. 我们要求撤出所有美军，取消美国对外国雇佣军的资助，取消美国对来自叙利亚、伊拉克和阿富汗三国国内武装反对力量的资助，以及解除美国对也门的海军封锁。

6. 我们要求美国停止对叙利亚的非法制裁。

美国全国反战联盟（UNAC）／"终结国内外的战争"，2021年4月

资料来源

Ajamu, A.Solidarity on Ending Illegal Sanctions on Zimbabwe.UNAC Blog,2019. https://unac.notowar.net/2019/10/10/solidarityonendingillegalsanctionsonzimbabwe/.

All-African People's Revolutionary Party (A-APRP).Pan-African and International Solidarity will Break Sanctions. Hood Communist, 2020. https://hoodcommunist.org/2020/07/16/panafricanandinternationalsolidaritywillbreaksanctions/.

Baraka, A. Class Warfare and Socialist Resistance in Latin America. Hood Communist, 2021. https://hoodcommunist.org/2021/11/11/nicaraguacubaandvenezuelaclasswarfareandsocialistresistance/.

Bartolotti, P. Sanctions in Gaza. International Action Center, 2020. https:// iacenter.org/2020/02/21/sanctionsingaza/.

Bello, J. Deadly New Sanctions on Syria. UNAC Blog, 2020. https:// unac.notowar.net/2020/06/12/deadlynewsanctionsonsyria/.

Caines, E. Recentering Internationalism: An Analysis of Economic Sanctions.Hood Communist, 2020. https://

hoodcommunist.org/2020/05/28/recenteringinternationalismananalysisofeconomicsanctions/.

Dunkel, G. Famine in Africa: The Role of Sanctions. Workers World, 2022. https://www.workers.org/2022/06/64708/.

Flounders, S. Sanctions—A Wrecking Ball in a Global Economy. International Action Center, 2022. https://iacenter.org/2022/05/27/sanctionswreckingballinaglobaleconomy/.

Flowers, M. Sanctions Kill Toolkit. Sanctions Kill, 2021. https://sanctionskill.org/toolkit/.

Galant, M. CEPR Sanctions Watch July 2022. CEPR, 2022. https://cepr.net/ceprsanctionswatchjuly2022/.

Garrison, A. and Philpot, J. Sanctioning the Horn of Africa. Black Agenda Report, 2022. https://blackagendareport.com/sanctioninghornafrica.

Jung, E. Korea/DPRK: Surviving US/ UN Sanctions and Military Threats. UNAC Blog, 2022. https://unac.notowar.net/2022/09/30/koreadprksurvivingusunsanctionsandmilitarythreats/.

Kerner, Z. Let Afghanistan live! Workers World, 2021. https://www.workers.org/2021/12/60695/.

Lee Siu Hin 李小轩. U.S. Sanctions Will Make China Stronger. Popular Resistance, 2022. https://popularresistance.org/ussanctionswillmakechinastronger/.

Martinez, C. Sanctions in the New Cold War on China. UNAC Blog, 2022. https://unac.notowar.net/2022/09/30/sanctionsandthenewcoldwaronchina/.

Moorehead, M. World Condemns U.S. Blockade of Cuba. Workers World, 2022. https://www.workers.org/2022/.

Nahem, I. Washington Humiliated, Cuba Lifted Up, by 2022 UNGA Vote. International USCuba Normalization Committee Coalition, 2022. https://www.uscubanormalization.org/vivacuba/theemperorhasnoclothes/.

Norton, B. and Blumenthal, M. US Economic Terrorism will Backfire,

Interview with Iranian Foreign Minister .The Grayzone, 2019. https://thegrayzone.com/2019/07/22/useconomicterrorismiranianforeignministerzarifnicaragua/.

Shahrabi. H. Lessons Learnt – Iran. UNAC Blog, 2022. https:// unac.notowar.net/2022/10/03/lessonslearntiniran/.

Smith, L. United States Imposed Economic Sanctions: The Big Heist. MR Online, 2020. https://mronline.org/2020/03/10/unitedstatesimposedeconomic-sanctionsthebigheist/.

Sterling, R., Philpot, J, Paul, D. US Sanctions: War by Other Means. Sanctions Kill, 2022. https://sanctionskill.org/2022/10/02/oct2022sanctionsreportsummary/.

Swan, R. Venezuela Seeks Investigation by International Criminal Court (ICC) as to Whether U.S. Sanctions Constitute Crimes Against Humanity. Covert Action Magazine, 2022. https://covertactionmagazine.com/2022/04/11/venezuelaseeks-investigationbyinternationalcriminalcourticcastowhetherussanctionsconstitute-crimesagainsthumanity/.

United National Antiwar Coalition (UNAC). Letter in Support of the Syrian People. Letter Condemning US Attacks on Syria and in the Middle East. UNAC Blog, 2021. https://unac.notowar.net/statementofsolidaritywiththesyrianpeople/.

反对制裁的活动：

Sanctions Kill Campaign. End All Warfare! No to Sanctions! Sanctions Kill, 2022. https://sanctionskill.org/2022/03/17/ukraine2022endallwarfarenosanctions.

Sanctions Kill Campaign. Founding Statement: What are Sanctions? Sanctions Kill, 2019. https://sanctionskill.org/english/.

Sanctions Kill Campaign. Tell the Biden Administration to End Economic Sanctions in the Face of the COVID 19 Pandemic. Sanctions Kill, 2021. https://sanctionskill.org/petition/.

Sanctions Kill Campaign. The United States is Doubling Down on Deadly Sanctions. Popular Resistance, 2021. https://popularresistance.org/theunitedstatesisdoublingdownondeadlysanctions/.

网络研讨会：

Sanctions, a Wrecking Ball in a Global Economy. https://youtu.be/6_ro7VTvOc8.

Sanctioned Countries Denounce US's New Military Threats. https://www.youtube.com/watch?v=gNihW8XcVY.

Sanctioned Countries Speak Out on COVID19. https://www.youtube.com/watch?v=7kW894e6zMg.

The Ultimate Guide on Sanctions Against Venezuela. https://www.youtube.com/watch?v=8wZlLPASxwI.

The U.S. Government is Warmongering in Ethiopia. https://www.youtube.com/watch?v=g72Izax4d_I.

The World Stands Up to Sanctions (2022). Youtube. https://www.youtube.com/watch?v=lBAt4tlHFHw.